PIZZA
REVOLUTION

TANJA DUSY

PIZZA-ZUPFBROT
AUF S.133

50 NEUE ARTEN PIZZA ZU BACKEN

TANJA DUSY

PIZZA
REVOLUTION

Inkl. Low-Carb-, Veggie-
und glutenfreien Rezepten

EMF

EIN BUCH DER
EDITION MICHAEL FISCHER

INHALT

///////////////////////////////////////

#03 EXTRA FRESH

#04 FUSION STYLE

#05 NEU IN FORM

EINE RUNDE SACHE

//

Heute ist Pizzatag – dieser Satz macht alle glücklich. Meine ganze Familie, Freunde und Gäste lieben die ofenfrischen Teigfladen. Da weiß man – es schmeckt. Und jeder hat seinen persönlichen Liebling: echte Klassiker wie schlichte Margherita, Quattro Stagioni, Pizza mit Thunfisch oder Parmaschinken mit Rucola. Doch es gibt auch viel Neues zu entdecken.

Heute heißt es immer öfter Pizza reloaded. Pizza mit neuer Auflage macht den italienischen Exportschlager zum wahren Verwandlungskünstler: Gefragt sind vor allem spannende vegetarische oder vegane Beläge mit viel und auch mal ungewöhnlichem Gemüse oder mit Zutaten in neuen Kombinationen, die aus allen Küchen rund um den Globus stammen. Oder wie wär's mal ganz bodenständig mit Heimatlichem wie Feldsalat und Speck obenauf? Das bringt richtig Abwechslung auf den Teig.

Passend dazu gibt es einen Pizzateig *(siehe S. 10)*, der nicht nur ideal zu allen Belägen passt, sondern auch ganz einfach, dafür aber umso knuspriger gelingt. Für Experimentierfreudige gibt es außerdem eine ganze Auswahl alternativer Teige, wie beispielsweise Low-Carb-Varianten aus Blumenkohl, Grünkohl oder Saaten oder glutenfreie Alternativen mit Kichererbsen- oder Maismehl. Erlaubt ist, was gefällt und es kann munter getauscht werden.

So gelingen all die neuen trendigen Pizzastars: Raw- oder Green Pizza, die erst nach dem Backen mit möglichst frischen Zutaten belegt werden, Low-Carb-Pizzas, Pizza mit Avocado oder Grünkohl, Gyros- oder Thai-Pizza, eine üppige Pizzatorte oder Zupfbrot für viele Freunde. Probieren Sie, kombinieren Sie, variieren Sie – Sie werden sicher viele neue Lieblingspizzas finden!

MEHL

Ideal für Pizza ist italienisches Mehl Tipo 00. Es ist besonders fein ausgemahlen und verfügt über reichlich Klebereiweiß (Gluten), das für einen schön knusprigen Teig sorgt. Stattdessen geht auch deutsches Weizenmehl Type 405 oder 550.

HEFE

Damit der Teig luftig aufgeht, braucht es Hefe. Mein Favorit ist frische Hefe, die es als Würfel (etwa 40 g) in der Frischetheke zu kaufen gibt. Ideal für den Vorrat und immer zur Hand: Trockenhefepulver im Päckchen.

SALZ

Fehlt es, schmeckt der Teig fade. Beim Zubereiten immer mit Mehl mischen und nicht direkt auf die Hefe streuen – das verhindert oder verzögert ihr Wachstum.

OLIVENÖL

Öl (oder generell Fett wie z. B. auch Butter) macht Hefeteig schön geschmeidig: So lässt er sich gut ausrollen und hat eine elastische Textur.

TOMATENSUGO

Richtig gut gekocht und fein gewürzt braucht es manchmal gar nicht mehr als Tomatensoße auf der Pizza. Unseren Sugo gibt's als Grundrezept auf Seite 14. Wenn's mal schnell gehen muss, gehen stattdessen auch passierte Tomaten (aus dem Tetrapak), möglichst noch leicht mit Salz, Pfeffer, Oregano und eventuell etwas Knoblauch nachgewürzt.

PIZZA
GANZ EINFACH

Hier gibt's alles für drunter und drauf im Überblick. Das meiste davon steht häufig bereits im Vorrat. Im Handumdrehen ist damit die schlichteste Grundpizza fertig – noch ein Blättchen Basilikum obenauf und schon heißt sie Margherita.

MOZZARELLA

Aficionados nehmen sahnig, aromatischen Büffelmozzarella oder auch mal Burrata – sie krönen nicht nur Margherita, sondern auch andere Pizzas mit ansonsten schlichtem Belag. Praktisch bei üppigen zusätzlichen Belägen ist geriebener Mozzarella, den man fertig abgepackt kaufen kann. Er lässt sich besonders gut verteilen und ist preiswerter.

DER ALLROUND-PIZZATEIG

»Gemütlich in 24 Stunden über Nacht oder
auch mal ganz fix zubereitet – dieser Pizzateig
ist die Grundlage, der prinzipiell zu allen
Belägen passt.«

**2 runde Pizzas
oder 1 Blech**

8 g frische Hefe (oder
4 g Trockenhefe, *siehe S. 11)*
350 g Weizenmehl
(Tipo 00 oder Type 405)
Salz
2 EL Olivenöl

Außerdem
Mehl zum Arbeiten

TIPP

Schneller geht es, wenn
man den Teig mit 20 g
Hefe zubereitet und ab-
gedeckt nur 45 Minuten
gehen lässt. Danach
nochmals durchkneten
und formen.

1. Die Hefe zerbröckeln und mit 100 ml handwarmem Wasser verrühren und 5–10 Minuten stehen lassen, bis die Hefe zu arbeiten beginnt. Mehl in einer Rührschüssel mit 1 knappen Teelöffel Salz mischen und eine Mulde eindrücken.

2. Den Hefeansatz in die Mulde gießen, weitere 120 ml handwarmes Wasser mit Olivenöl verquirlen, zugießen und alles etwa 5 Minuten mit den Knethaken des Handrührgeräts auf kleiner Stufe kneten, dann auf höchster Stufe weitere 5–10 Minuten kneten, bis der Teig weich und elastisch ist. Gegebenenfalls noch Wasser zugeben, die Teigmasse sollte anfangs eher klebrig feucht sein. Alternativ die Teigzutaten erst gut verrühren, dann von Hand auf einer leicht bemehlten Arbeitsfläche 12–15 Minuten kräftig durchkneten.

3. Den Teig zur Kugel rollen und in eine große leicht bemehlte, verschließbare Plastikschüssel legen, mit einem sauberen Tuch abdecken und 30 Minuten bei Zimmertemperatur gehen lassen. Anschließend die Schüssel mit dem Deckel verschließen und den Teig 24 Stunden im Kühlschrank gehen lassen.

4. Den Teig etwa 1 Stunde vor dem Verarbeiten aus dem Kühlschrank nehmen und Zimmertemperatur annehmen lassen. Anschließend den Teig wie auf *Seite 12 / 13* beschrieben kurz durchkneten, formen und belegen.

5. Den 24-Stunden-Teig kann man 2–3 Tage im Kühlschrank aufbewahren. Immer nach 24 Stunden kurz zusammenkneten, sodass die Luftblasen entweichen, dann in der verschlossenen Schüssel weiterkühlen.

ENTDECKE
DIE MÖGLICHKEITEN!

»Der Grundteig lässt sich vielfältig abwandeln:
sei es mal leicht gewürzt, orientalisch mit Joghurt oder auch mit kräftigem Vollkorn.«

MIT TROCKENHEFE

Keine frische Hefe zur Hand? Einfach ½ Päckchen Hefegranulat (etwa 4 g) mit dem Mehl
mischen und dann die gesamte Menge lau-
warmes Wasser mit Öl vermischt zugeben.

MIT VOLLKORN

Der Teig lässt sich im Prinzip genauso gut mit
Vollkornmehl zubereiten. Da Vollkornmehl
aber mehr Flüssigkeit bindet als Weißmehl, gilt
hier die Regel: einfach 10–20 Prozent mehr
Wasser einarbeiten. Dann sollte man sich – wie
auch bei normalem Pizzateig – auf sein Auge
und (Fingerspitzen-)Gefühl verlassen: Der Teig
darf am Anfang sehr feucht und klebrig sein.
Erst durch längeres Kneten verbinden sich alle
Zutaten optimal, und der Teig wird trockener.
Am Ende sollte er sich auf jeden Fall samtig und
sehr weich und elastisch anfühlen.

GUT GEWÜRZT

Je nach Belag lässt sich bereits der Teig zusätzlich ein wenig würzen. Für den einfachen Italo-
Kick sorgt zusätzlich 1 Teelöffel getrockneter
Oregano, für französischen Chic 1 Teelöffel
fein gehackte frische Rosmarinnadeln und für
orientalisches Aroma 1 Teelöffel zerstoßene
Korianderkörner – jeweils mit dem Mehl gemischt. Gerade bei wenig Belag (wie bei der
Focaccia) ist das eine tolle Alternative.

MIT JOGHURT

Türkische und orientalische Pizzabäcker
kennen noch einen Trick: 2 Esslöffel Joghurt
(3,8 % Fett) mit dem lauwarmem Wasser
verrühren, dann mit Hefeansatz und Mehl
vermengen.

PROFIMÄSSIG

Passionierte Pizzabäcker backen mit einem
Vorteig (Biga); dazu 125 ml Wasser mit 1 Messer-
spitze frischer Hefe verrühren und mit
125 g Weizenmehl Tipo 00 zu einem Brei
verrühren. Diesen zugedeckt bei 18–20 °C
12–24 Stunden reifen lassen. Dann 5 g Hefe mit
200 ml lauwarmem Wasser verrühren und mit
350 g Weizenmehl Tipo 00 und dem Vorteig
mit den Knethaken des Handrührgeräts auf
kleiner Stufe 5 Minuten verkneten, dann weitere
5 Minuten auf hoher Stufe. 2 Esslöffel Olivenöl
zugeben und weitere 5 Minuten auf hoher Stufe
kneten. Den fertigen Teig zugedeckt im Kühlschrank 10–12 Stunden ruhen lassen.

ODER DOCH GANZ ANDERS?

Auf den *Seiten 18–27* werden jede Menge alternative Teige vorgestellt, die man anstelle des
bei den meisten Rezepten angegebenen
Grundteigs verwenden kann.

JETZT GEHT'S RUND

»Wie knete ich meinen Teig, wie bringe ich
die Pizza in Form und was brauche ich außer
meinen Händen noch für Werkzeuge?
Hier kommen die wichtigsten Kniffe und
Tipps rund um die Pizza.«

1. Damit Pizzateig schön knusprig und feinporig gelingt, braucht er Hefe, glutenhaltiges Weizenmehl *(siehe S. 8)* und reichlich Wasser. Denn nur mit genug Flüssigkeit wird die Glutenbildung und das Hefewachstum angeregt. Daher darf der Teig beim anfänglichen Kneten richtig klebrig, feucht und fast breiig weich sein. Er wird während des Knetens und Gehens automatisch fester.

2. Den gegangenen Teig auf eine leicht bemehlte Arbeitsfläche geben und mit bemehlten Händen kurz durchkneten. Oder: mithilfe einer Teigkarte von links nach rechts und von oben nach unten immer wieder übereinanderschlagen – so entsteht aus einer klebrigen Masse ein gut zu verarbeitender Teigballen. Diesen in Portionen teilen und jede Portion durch schnelles Drehen zwischen beiden Händen zur Kugel formen.

TIPP!

Besonders knusprig wird Pizza, wenn man
sie auf einem sogenannten Pizzastein bäckt.
Dazu die Pizza formen, belegen und mit einer
speziellen Backschaufel auf den im Ofen
aufgeheizten Stein gleiten lassen.

3. Jede Teigkugel entweder mit einer Teigrolle ausrollen oder von Hand formen. Dazu die Teigkugel leicht mit Mehl bestäuben, dann durch leichtes, sanftes Drücken der Fingerspitzen von innen nach außen zu einem flachen Fladen mit Rand dehnen. Dabei den Teigfladen 2- bis 3-mal umdrehen und den Dehnvorgang wiederholen, bis der Fladen ungefähr die Größe der ausgestreckten Hand erreicht hat.

4. Den Teigfladen an der linken Seite mit der linken Hand leicht festhalten. Mit den Fingerspitzen der rechten Hand von rechts unter den Teig fassen und ihn leicht nach außen ziehen. Den Teig zur linken Hand hin umschlagen und ganz leicht drehen. Nun wieder mit der rechten Hand ziehen und umschlagen. Den Teigkreis drehen und von rechts wieder ziehen und umschlagen. So ergibt sich fast von selbst ein runder, dünner Teigfladen.

GRUNDREZEPT
TOMATENSUGO

*»Gut gewürzt und lange gekocht – so gelingt
die ultimative Tomatensoße, auf der die anderen
Zutaten noch mal so gut schmecken. Deshalb
gleich mehr für den Vorrat kochen!«*

Für 1 Portion Pizzateig

1 kleine Knoblauchzehe

2–3 EL Olivenöl

1 Schuss Weißwein
(nach Belieben)

1 Dose passierte oder
stückige Tomaten (400 g)

½ TL getrockneter
Oregano

Salz, Pfeffer

Zucker

1. Den Knoblauch schälen und fein würfeln. Das Olivenöl
in einem Topf leicht erhitzen, den Knoblauch darin bei
niedriger Hitze andünsten. Mit einem Schuss Weißwein
oder Wasser ablöschen und die Flüssigkeit bei mittlerer
Hitze so gut wie vollständig verkochen lassen.

2. Tomaten und Oregano dazugeben, leicht salzen und pfeffern und alles offen bei niedriger Hitze in 30–40 Minuten
dick-sämig einkochen lassen, dabei immer wieder gründlich umrühren. Der Sugo sollte am Ende dickcremig und
aromatisch sein. Kurz vor dem Garzeitende den Sugo mit
Salz, Pfeffer und 1–2 Prisen Zucker abschmecken.

FÜR DEN VORRAT

Damit sich die lange Kochzeit lohnt, die Zutatenmenge
einfach verdoppeln oder nach Wunsch multiplizieren
und eventuell 5–10 Minuten länger kochen lassen. Dann
leicht abgekühlt portionsweise in Gefrierboxen füllen
und vollständig abgekühlt im Gefrierschrank einfrieren.

VEGANER PIZZAKÄSE

»Pizza ohne Mozzarella geht nicht? Und ob!
Mit dieser einfachen Creme bekommt eine
vegane Pizza den richtigen Schmelz.«

Für 1 Portion Pizzateig

3 EL vegane Margarine

2 EL Mehl (Type 405)

250 ml Mandelmilch
(wahlweise Sojamilch)

¾ TL Instant-
Gemüsebrühepulver

Salz, Pfeffer

6–7 EL Hefeflocken

1. Die Margarine in einem Topf bei mittlerer Hitze schmelzen lassen, das Mehl darüberstreuen und unter Rühren mit dem Schneebesen anschwitzen – das heißt so lange erhitzen, bis sich Mehl und Fett verbunden haben, ohne dass sie bräunen. Nach und nach Mandelmilch, Gemüsebrühepulver und 3–4 Esslöffel Wasser unter kräftigem Rühren zugeben und unter ständigem Rühren aufkochen.

2. Den Topf vom Herd nehmen und alles mit Salz und Pfeffer kräftig würzen. Die Hefeflocken unterrühren. Den Topf wieder auf den Herd stellen und die Masse unter Rühren bei mittlerer Hitze so lange köcheln lassen, bis sie eindickt. Sie sollte dickflüssig sein und an geschmolzenen Käse erinnern. Leicht abkühlen lassen und anstelle von Mozzarella auf dem Tomatensugo verteilen.

NUSS-KÄSE-VARIANTE

Wer keine Margarine verwenden will, weicht 150 g Cashewnusskerne 6 Stunden in Wasser ein. Danach die Nüsse in ein Sieb abgießen, kalt abbrausen und mit ½ klein gewürfelten Knoblauchzehe und etwa 250 ml Wasser in der Küchenmaschine oder mit dem Pürierstab cremig pürieren. Dabei das Wasser nach und nach zugeben, bis eine cremige, nicht zu flüssige Masse entstanden ist. Dann Salz, Pfeffer und 3 Esslöffel Hefeflocken untermixen – wer will mischt zusätzlich noch ¼ geröstete Paprika (*siehe S. 107* oder in Öl eingelegt aus dem Glas) unter – das sorgt für Farbe und Aroma. Das Nusspüree in einen Topf geben und bei niedriger bis mittlerer Hitze unter Rühren so lange erhitzen, bis die Masse cremig eindickt. Möglichst bald auf der Pizza verteilen. Die Pizza belegen und backen.

1,2, FERTIG
PIZZA GANZ FIX

»Einfacher geht's kaum: Fertige Zutaten aus dem Kühl- oder Vorratsschrank wandern direkt auf den mit Tomatensugo *(S. 14)* bestrichenen Pizzateig. Hier die besten Classics und ein paar neue Ideen.«

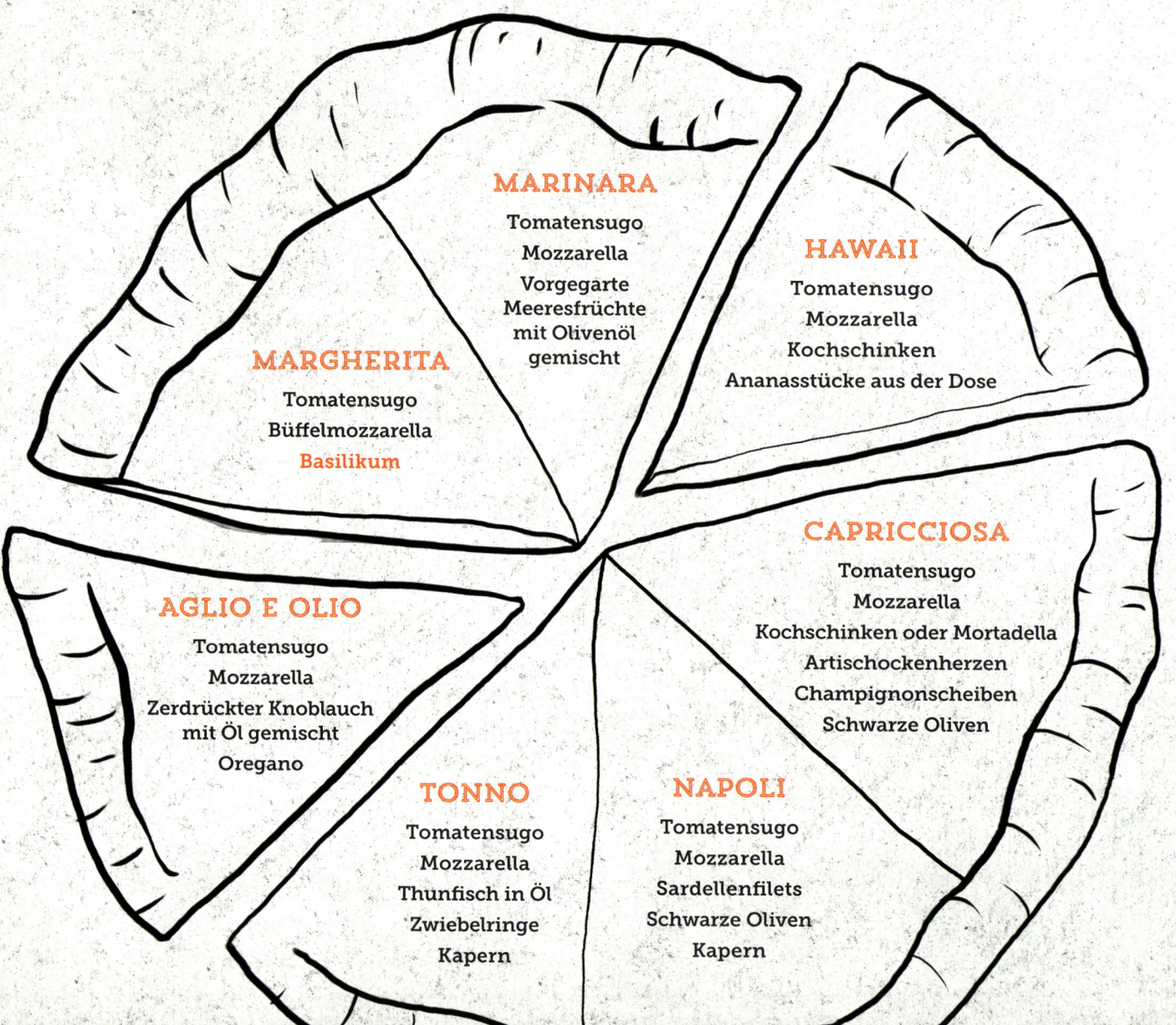

MARINARA
Tomatensugo
Mozzarella
Vorgegarte
Meeresfrüchte
mit Olivenöl
gemischt

HAWAII
Tomatensugo
Mozzarella
Kochschinken
Ananasstücke aus der Dose

MARGHERITA
Tomatensugo
Büffelmozzarella
Basilikum

CAPRICCIOSA
Tomatensugo
Mozzarella
Kochschinken oder Mortadella
Artischockenherzen
Champignonscheiben
Schwarze Oliven

AGLIO E OLIO
Tomatensugo
Mozzarella
Zerdrückter Knoblauch
mit Öl gemischt
Oregano

TONNO
Tomatensugo
Mozzarella
Thunfisch in Öl
Zwiebelringe
Kapern

NAPOLI
Tomatensugo
Mozzarella
Sardellenfilets
Schwarze Oliven
Kapern

ANATRA

Tomatensugo

Mozzarella

Radicchio, in feine Streifen geschnitten

Geräucherte Entenbrust, in Scheiben

Trüffelöl

QUATTRO FORMAGGI

Gewürfelter Mozzarella

Gewürfelter Provolone

Gewürfelter Gorgonzola

Geriebener Parmesan

Alles mit Olivenöl beträufeln

DUE PEPERONI

Tomatensugo

Mozzarella oder Ziegenkäse

In Öl eingelegte rote Paprika-schoten aus dem Glas

Schwarze Oliven

Pizza-Würzöl *(siehe S. 29)*

AVOCADO

Tomatensugo

(Mozzarella)

In Öl eingelegte Tomaten, klein gewürfelt

Avocadospalten

Crema di balsamico

PARMIGIANA

Tomatensugo

Mozzarella

Gegrillte in Öl eingelegte Auberginenscheiben aus dem Glas

Parmesan- oder Ricotta-salata-Späne

Basilikum

DIAVOLO

Tomatensugo

Mozzarella

Scharfe Paprikasalami

Frische rote Peperoniringe oder Pizza-Würzöl *(siehe S. 29)*

RUCOLA

Tomatensugo

Mozzarella

Rucola

Parmaschinken

Parmesanspäne

COLORE

Tomatensugo

(Mozzarella)

Hauchdünne Zucchinischeiben

In Öl eingelegte Antipasti-gemüse (aus dem Glas)

Kleine schwarze Oliven

Gemüsechips

TIPP!

Die farbig gekennzeichneten Zutaten wie Basilikum oder Parmaschinken kommen erst nach dem Backen auf die Pizza.

SULTAN

Tomatensugo

Türkische Knoblauch-Wurst (Sucuk) in Scheiben

Paprikaschoten, klein gewürfelt

Eingelegte Peperoni aus dem Glas

Feta, zerbröckelt

ALTERNATIVE PIZZATEIGE

KICHERERBSEN-PIZZATEIG

Für 2 Personen

170 g Kichererbsenmehl
(siehe Tipp)

Salz

½ TL gemahlener Kreuz-
kümmel (nach Belieben)

½ Knoblauchzehe

2 EL Olivenöl

Außerdem

4 EL Olivenöl
zum Braten

1. Das Kichererbsenmehl mit ¾ TL Salz und nach Belieben mit Kreuzkümmel in einer Schüssel mischen. Gut 300 ml Wasser mit dem Schneebesen unterrühren, bis ein dick-flüssiger Teig entstanden ist. Den Knoblauch schälen, dazu-pressen und mit 2 Esslöffeln Olivenöl unter den Teig rüh-ren. Den Teig 1 Stunde zugedeckt quellen lassen. Danach eventuell 1–2 Esslöffel Wasser unterrühren.

2. Den Backofen auf 220 °C Ober-/Unterhitze (Umluft 200°) vorheizen, dabei eine ofenfeste Pfanne (Ø 28 cm) auf der mittleren Schiene mit erhitzen. Die heiße Pfanne heraus-nehmen (vorsichtig, sie ist glühend heiß! Daher unbedingt auf Topfuntersetzern abstellen) und 2 Esslöffel Olivenöl darin verteilen. Die Hälfte Teig hineingeben und schnell glatt verstreichen. Die Pfanne in den Ofen (mittlere Schie-ne) stellen und den Teig in 15–18 Minuten goldbraun und knusprig backen.

3. Den fertig gebackenen Teig vorsichtig aus der Pfanne lösen und eventuell unter einem Küchentuch warm halten. Die zweite Hälfte des Teiges wie beschrieben zubereiten.

TIPP!

Als Socca sind diese knusprigen Kichererbsenfladen in Südfrankreich beliebt. Dort werden sie gern einfach so in Stücke gebrochen, warm oder gerade abgekühlt zu einem Glas Wein geknabbert. Kichererbsenmehl bekom-men Sie im Bio- oder Asienladen.

LOW-CARB-PIZZATEIG

Für 2 Personen

2 EL Chiasamen

80 g Leinsamenmehl
(gemahlene Leinsamen)

80 g geschrotete
(Gold-)Leinsamen

2 EL gemahlene
Flohsamenschalen

2 ½ EL Kokosmehl

Salz

1 TL getrockneter Oregano

1. Die Chiasamen in einer Schüssel mit 200 ml warmem Wasser übergießen, verrühren und 15 Minuten quellen lassen. Dann nach und nach das Leinsamenmehl mit dem Schneebesen zügig einrühren, sodass eine möglichst glatte Masse ohne Klümpchen entsteht, weitere 10 Minuten quellen lassen. Geschrotete Leinsamen und Flohsamenschalen, Kokosmehl, 2 gestrichene Teelöffel Salz und den Oregano untermengen. Eventuell wenig Wasser zugeben – der Teig sollte fest und formbar sein.

2. Den Backofen auf 200 °C Ober-/Unterhitze (Umluft 180 °C) vorheizen. Den Teig halbieren. Die Hälfte auf ein Backpapier geben und mit den Händen leicht platt drücken, einen zweiten Bogen Backpapier über den Fladen legen und mit einem Nudelholz so flach wie möglich ausrollen. Dabei den Backpapierbogen immer wieder samt Teig wenden und den oberen Bogen kurz abziehen, damit der Teig nicht zu sehr festklebt und gleichmäßig ausgerollt werden kann.

3. Die zweite Teigportion ebenso ausrollen. Beide Fladen zusammen (oder nacheinander erst einen, dann den anderen fertig backen) auf ein Backblech ziehen und im Ofen (mittlere Schiene) 10–15 Minuten vorbacken.

4. Das Blech herausnehmen, Backpapier samt Fladen wenden und den Fladen mit der gebackenen Seite nach unten auf das Blech legen. Das Backpapier abziehen, den Fladen noch 5–10 Minuten backen, sodass er oben fest ist. Die Fladen nach Wunsch belegen und in 12–15 Minuten fertig backen. Oder je nach Rezept fertig backen und dann belegen.

MANDEL-PIZZATEIG

LOW CARB - GLUTENFREI

Für 2 Personen

200 g Mandelmehl
(fein gemahlene blanchierte
Mandeln)

Salz

50 g Emmentaler, fein gerieben

1 TL getrockneter Oregano

¼ TL Backpulver

2 Eier

3 EL Olivenöl

1 Knoblauchzehe

1. Das Mandelmehl mit 1 Teelöffel Salz, Käse, Oregano und Backpulver in einer Schüssel mischen. Die Eier mit Olivenöl verquirlen. Den Knoblauch schälen und dazupressen. Die Öl-Eier-Mischung zur Mehlmischung geben und erst mit einem Löffel vermischen, dann mit den Händen verkneten.

2. Den Backofen auf 180 °C Ober-/Unterhitze (Umluft 160°) vorheizen. Den Teig halbieren. Die Hälfte auf ein Backpapier geben und mit den Händen leicht platt drücken, einen zweiten Bogen Backpapier über den Fladen legen und mit einem Nudelholz so flach wie möglich ausrollen. Dabei den Backpapierbogen immer wieder samt Teig wenden und den oberen Bogen kurz abziehen, damit der Teig nicht zu sehr festklebt und gleichmäßig ausgerollt werden kann.

3. Die zweite Teigportion ebenso ausrollen. Beide Fladen zusammen (oder nacheinander erst einen, dann den anderen fertig backen) auf ein Backblech ziehen und im Ofen (mittlere Schiene) 15–20 Minuten vorbacken.

4. Das Blech herausnehmen, den Fladen nach Wunsch belegen und in 12–15 Minuten fertig backen. Oder je nach Rezept so fertig backen und anschließend belegen.

MAIS-PIZZATEIG

Für 2 Personen

250 g Maispolenta
2 EL Maisstärke
1 TL Backpulver
Salz
½ TL getrockneter
Oregano
2 Msp. Chiliflocken
60 g Cheddar Käse
1 Ei
160 ml Milch
2 EL Olivenöl

1. Den Backofen auf 180 °C Ober-/Unterhitze (Umluft 160 °C) vorheizen. Polenta mit Stärke, Backpulver, ½ Teelöffel Salz, Oregano und Chiliflocken mischen. Den Käse fein reiben. Käse, Ei und Milch gründlich mit der Polenta verrühren, sodass keine Klümpchen mehr übrig sind.

2. In einer ofenfesten Pfanne (Ø 24 cm) 2 Esslöffel Olivenöl erhitzen und durch Bewegen der Pfanne auf dem Pfannenboden verteilen. Den Teig zugeben, zügig glatt verstreichen und bei mittlerer Hitze etwa 5 Minuten garen, bis die Masse obenauf fest ist und man nach Wunsch den Tomatensugo oder Belag darauf verstreichen kann.

3. Die Pfanne vom Herd nehmen. Den Tomatensugo auf dem Fladen verstreichen, dabei etwas Rand freilassen. Den Belag nach Wunsch nicht zu dick auflegen. Im Ofen (mittlere Schiene) 15–17 Minuten backen, bis die Ränder leicht gebräunt sind. Wer möchte, kann für mehr Knusprigkeit noch den Grill zuschalten und alles in weiteren 3–5 Minuten goldbraun backen.

KARTOFFEL-PIZZATEIG

Für 2 Personen

100 ml Milch
10 g Hefe (¼ Würfel)
½ TL Honig
180 g Weizenmehl
(Type 550)
Salz
1 Ei (Größe M)
2 ½ EL Olivenöl
250 g mehligkochende
Kartoffeln
50 g Hartweizengrieß
½ TL getrockneter
Oregano

1. Die Milch erwärmen. Die Hefe zerbröckeln, mit 50 ml lauwarmer Milch und Honig verrühren und 10 Minuten gehen lassen. Dann mit Mehl, ½ Teelöffel Salz übriger lauwarmer Milch, Ei und Olivenöl mit den Knethaken des Handrührgeräts oder der Küchenmaschine erst auf kleiner Stufe 5 Minuten kneten, dann auf höchster Stufe 5 Minuten kneten. Den Teig in der Schüssel zugedeckt an einem warmen Ort 30 Minuten gehen lassen.

2. Inzwischen die Kartoffeln sauber abbursten und in ausreichend Salzwasser zugedeckt bei mittlerer Hitze in 15–20 Minuten garen. Die Kartoffeln abgießen, ausdampfen und etwas abkühlen lassen, dann noch lauwarm pellen und durch die Presse drücken.

3. Die Kartoffeln (eventuell noch lauwarm) auf den gegangenen Teig geben, Grieß und Oregano darüberstreuen und alles mit der Hand kräftig verkneten. Sollte der Teig zu klebrig sein, eventuell noch etwas Mehl unterkneten.

BLUMENKOHL-PIZZATEIG

GLUTENFREI – LOW CARB

Für 2 Personen

700 g Blumenkohl
1 Ei
3 EL Kichererbsenmehl
70 g geriebener Mozzarella
(wahlweise Gouda)
Salz, Pfeffer

1. Den Backofen auf 200 °C Ober-/Unterhitze (Umluft 180 °C) vorheizen. Inzwischen den Blumenkohl waschen, die Röschen vom Strunk schneiden und grob zerschneiden, dann im Blitzhacker oder mit der Küchenmaschine klein hacken.

2. Den Blumenkohl auf einem Blech verteilen und im Ofen (mittlere Schiene) 15–20 Minuten trocknen lassen, dabei einmal umrühren. Herausnehmen und auf ein sauberes (Geschirr-)Tuch geben, etwas abkühlen lassen und dann durch Verdrehen des Tuchs so viel Flüssigkeit wie möglich herausdrücken.

3. Die Ofentemperatur auf 220 °C Ober-/Unterhitze (Umluft 200 °C) erhöhen. Ein oder zwei Backbleche mit Backpapier auslegen. Das Ei verquirlen. Mit Blumenkohlbrösel, Kichererbsenmehl und Käse mischen, salzen und pfeffern. Die Masse in vier Portionen auf ein oder zwei Bleche geben und zu vier runden dünnen Fladen formen.

4. Die Blumenkohlfladen im Ofen (mittlere Schiene; bei zwei Blechen nacheinander) 20–25 Minuten backen, bis sie gebräunt und fest sind. Die Fladen herausnehmen, nach Wunsch belegen und im Ofen bei 250 °C Ober-/Unterhitze (Umluft 230 °C) in 10–12 Minuten fertig backen.

GRÜNKOHL-PIZZATEIG

LOW CARB - GLUTENFREI

Für 2 Personen

180 g Grün- oder Schwarzkohl
(wahlweise Wirsing)

3 Scheiben Toastbrot (etwas
angetrocknet vom Vortag)

50 g gemahlene Mandeln

3 Eier (Größe M)

75 g Bergkäse,
frisch gerieben

2 EL Olivenöl

Salz, Pfeffer

frisch geriebene
Muskatnuss

1. Den Backofen auf 200 °C Ober-/Unterhitze (Umluft 180 °C) vorheizen. Ein Backblech mit Backpapier auslegen. Den Kohl waschen, sehr dicke Strünke wegschneiden (dann etwas mehr Kohl nehmen, geputzt sollten es etwa 180 g sein), dann den Kohl grob zerschneiden. Das Toastbrot grob würfeln. Beides mit Mandeln, Eiern, Käse und Olivenöl mit dem Pürierstab oder in der Küchenmaschine (eventuell lagenweise) fein pürieren. Mit Salz, Pfeffer und Muskat würzen.

2. Die Kohlmasse halbieren, jeweils auf das Blech geben und mit dem Rücken eines Löffels zu einem sehr großen, dünnen, länglichen Fladen ausstreichen. Im Ofen (mittlere Schiene) etwa 20 Minuten backen, bis der Fladen fest und leicht bräunt ist. Die Kohlfladen herausnehmen, nach Wunsch belegen und in 10–12 Minuten fertig backen.

TIPP!

Sowohl der Grünkohl- als auch der Blumenkohlteig schmecken knusprig am besten. Deshalb die Masse möglichst dünn – vor allem auch am Rand – ausstreichen.

SÜSSKARTOFFEL-PIZZATEIG

Für 2 Personen

1 kg Süßkartoffeln

¾ TL getrockneter Thymian

4 EL geriebener Mozzarella

4 EL Parmesan, frisch gerieben

4 EL Kichererbsenmehl

Salz, Pfeffer

2 EL Olivenöl

3 Eier (Größe M)

1. Den Backofen auf 200 °C Ober-/Unterhitze vorheizen. Zwei Tarte- oder Springformen (à Ø 26 cm) glatt mit Backpapier auslegen. Die Süßkartoffeln schälen und auf der Rohkostreibe oder mit der Küchenmaschine grob raspeln.

2. Die Süßkartoffeln mit Thymian, Mozzarella, Parmesan und Kichererbsenmehl mischen, salzen und pfeffern. Das Backpapier mit etwas Olivenöl bestreichen, die Süßkartoffelmasse darauf verteilen, dabei die Oberfläche glatt drücken und mit übrigem Olivenöl bestreichen.

3. Im heißen Ofen (mittlerer Schiene) 15–20 Minuten garen, bis die Süßkartoffeln leicht weich sind. Inzwischen die Eier verquirlen, leicht salzen und pfeffern. Die Formen herausnehmen, die Süßkartoffelmasse mehrmals leicht mit einer Gabel einstechen, die Eier darübergießen und mithilfe der runden Unterseite eines Esslöffels rasch gleichmäßig verteilen. Die Masse weitere 10–12 Minuten backen, bis die Eier vollständig gestockt sind.

4. Die Pizzas herausnehmen, mit Sugo oder Belag nach Wunsch belegen und im Ofen (mittlere Schiene) in 10–12 Minuten fertig backen.

QUINOA-PIZZATEIG

GLUTENFREI – VEGAN

Für 2 Personen

180 g heller Quinoa
2 TL Weißweinessig
(wahlweise Apfelessig)
2 EL Olivenöl
1 TL getrockneter
Oregano
½ TL Backpulver
Salz, Pfeffer

1. Quinoa in einem feinen Sieb gründlich unter heißem Wasser abbrausen. Dann in eine Schüssel geben und so viel Wasser zugeben, dass er gerade gut bedeckt ist. An einem kühlen Ort 12 Stunden (über Nacht) quellen lassen.

2. Am nächsten Tag Quinoa in ein Sieb abgießen und mit kaltem Wasser gründlich abbrausen und abtropfen lassen. Anschließend mit Essig, Olivenöl, Oregano, Backpulver, ¾ Teelöffeln Salz, Pfeffer und 4–6 Esslöffeln Wasser in der Küchenmaschine oder mit dem Pürierstab fein pürieren – eventuell noch etwas Wasser zugeben. Die Masse sollte wie ein dicker Pfannkuchenteig sein.

3. Den Backofen auf 220 °C Ober-/Unterhitze (Umluft 200 °C) vorheizen. Zwei Tarte- oder Springformen (à Ø 26 cm) glatt mit Backpapier auslegen. Den Teig dazugeben und gleichmäßig verstreichen.

4. Im Ofen (mittlere Schiene) in 15–20 Minuten leicht braun backen, anschließend herausnehmen und mithilfe des Backpapiers wenden, in die Form legen, das Backpapier vom Boden abziehen und den Teig in 10–15 Minuten knusprig braun backen. Anschließend herausnehmen, mit Belag nach Wunsch belegen und in 10–15 Minuten fertig backen.

»Das darf in keiner Pizzeria fehlen: feurig-scharfes Pizzaöl zum Beträufeln bei Tisch. Noch feiner schmeckt es, wenn es hausgemacht ist – für den nächsten Pizzaabend oder auch als schönes Geschenk für (Pizza-)Freunde!«

PIZZA-WÜRZÖL

Für 1 Flasche (1 l Inhalt)

1 Zweig Rosmarin

2 Zweige Thymian

3–4 Zweige Oregano

3 Knoblauchzehen

3 EL Weißweinessig

Salz

Zucker

6–8 kleine getrocknete Chilischoten

1 l Olivenöl

1. Die Kräuter waschen und trocken schütteln, anschließend mindestens 12 Stunden (über Nacht) trocknen lassen. Die Kräuter am besten mit einem Bindfaden zu einem Sträußchen binden und an einem luftigen Ort aufhängen.

2. Am nächsten Tag die Kräuter in eine saubere Flasche geben. Den Knoblauch schälen und halbieren. 250 ml Wasser mit Essig, ½ Teelöffel Salz und 2 Prisen Zucker aufkochen. Den Knoblauch dazugeben und 1–2 Minuten mitkochen, dann herausnehmen und auf Küchenpapier trocknen lassen.

3. Den gut abgetrockneten Knoblauch und die Chilischoten in die Flasche geben. Dann mit dem Öl auffüllen. Die Flasche verschließen und das Öl mindestens 1–2 Wochen an einem kühlen dunklen Ort durchziehen lassen.

TIPP!

Damit das Öl nicht schlecht wird, ist es wichtig, dass die Kräuter und alle anderen Zutaten gut getrocknet und auf keinen Fall nass sind. Die Flasche sollte möglichst steril sein. Diese am besten heiß mit Spülmittel auswaschen, klar ausspülen und anschließend 10 Minuten im Backofen bei 100 °C erhitzen. Dann die Flasche abkühlen lassen und sofort befüllen.

#01 NEU
AUFGELEGT

//

Vier Jahreszeiten, Frutti di Mare oder Pizza Hawaii kennt jeder. Wie wäre es mal damit, die leicht angestaubten Pizzaspezialitäten, die auf allen Speisekarten stehen, ein wenig aufzupeppen? Mit frischen ungewöhnlichen Zutatenkombinationen oder auch mal mit einer anderen Unterlage? Die haben garantiert das Zeug, neue Klassiker zu werden.

COOLE MARGARETHE

Für 2 Personen

1 Portion Kichererbsenteig
(siehe S. 19)

1 EL Pinienkerne

40 g Parmesan

50 g Basilikum

1 Knoblauchzehe

80 ml + 4 EL Olivenöl

Salz, Pfeffer

2–3 große aromatische
Fleischtomaten
(siehe Variante)

1 große Kugel
(Büffel-)Mozzarella
(ca. 200 g)

1. Den Teig, wie auf *Seite 19* beschrieben, zubereiten und 1 Stunde ruhen lassen. Pinienkerne in einer Pfanne ohne Fett rösten, bis sie leicht gebräunt sind. Herausnehmen und abkühlen lassen. Inzwischen den Parmesan fein reiben. Basilikum waschen und trocken schütteln, die Blätter abzupfen und trocken tupfen. Knoblauch schälen und grob zerschneiden. Basilikum, Pinienkerne, Knoblauch und 80 ml Olivenöl im Blitzhacker oder mit dem Pürierstab fein pürieren. Den Parmesan unterheben und das Pesto mit Salz und Pfeffer würzen.

2. Tomaten waschen und quer in dünne Scheiben schneiden. Mozzarella trocken tupfen und in Scheiben schneiden oder in kleine Stücke reißen.

3. Den Backofen auf 220 °C Ober-/Unterhitze (Umluft 200 °C) vorheizen, dabei eine ofenfeste Pfanne (Ø 28 cm) auf der mittleren Schiene mit erhitzen. Darin nacheinander zwei Teigfladen *(siehe S. 19)* zubereiten und den ersten in einem Tuch warm halten, während der zweite bäckt.

4. Die fertigen Teigfladen lauwarm abkühlen lassen und die Tomatenscheiben überlappend darauflegen. Den Mozzarella darauf verteilen. Die Pizza leicht salzen und pfeffern, mit Pesto beträufeln und servieren.

VARIANTE MIT SUGO

Die Pizza schmeckt auch mit normalem Pizzateig *(siehe S. 10)*. Den Teig zu zwei Fladen ausrollen, dünn mit Tomatensugo *(siehe S. 14)* bestreichen und im Ofen (mittlere Schiene) bei 250 °C Ober-/Unterhitze (Umluft 220 °C) 12–15 Minuten backen. Leicht auskühlen lassen, dann wie im Rezept beschrieben belegen.

PIZZA NAPOLI CAVOLFIORE

LOW CARB – GLUTENFREI

Für 2 Personen

1 Portion Blumenkohl-Pizzateig
(siehe S. 24)

1 Portion Tomatensugo
(siehe S. 14)

1 Glas in Salz eingelegte
Sardellenfilets (ca. 50 g)

30 g kleine schwarze Oliven
(mit Stein)

1 Kugel Mozzarella (125 g)

2 EL Oregano,
frisch gehackt

1. Den Teig, wie auf *Seite 24* beschrieben, vorbereiten, daraus vier kleine Fladen formen und wie beschrieben bei 220 °C (Ober-/Unterhitze 20–25 Minuten vorbacken. Den Sugo zubereiten.

2. Inzwischen die Sardellen unter fließendem kaltem Wasser abspülen und mit Küchenpapier trocken tupfen. Die Oliven abtropfen lassen. Den Mozzarella trocken tupfen und in kleine Würfel schneiden.

3. Das Blech mit den vorgebackenen Blumenkohlteigfladen herausnehmen. Den Tomatensugo zügig auf den Fladen verteilen, mit den Mozzarellawürfeln bestreuen. Die Sardellenfilets lang darauf auslegen und die Oliven darauf verteilen. Die Pizzas mit Oregano bestreuen.

4. Die Pizzas im Ofen (mittlere Schiene) bei 220 °C Ober-/Unterhitze (Umluft 200 °C) in 10–12 Minuten fertig backen. Herausnehmen, kurz abkühlen lassen und genießen.

KLASSISCHE VARIANTE

Diese Pizzas schmecken natürlich auch mit zwei normalen Teigfladen *(siehe S. 10)*, die vor dem Backen mit Sugo bestrichen und mit den übrigen Zutaten belegt werden. Dann im heißen Ofen (mittlere Schiene) bei 250 °C Ober-/Unterhitze (Umluft 220 °C) in 12–15 Minuten knusprig backen.

PIZZA FRUTTI E MARE

EXOTISCH

Für 2 Personen

1 Portion Pizzateig
(siehe S. 10)
6 EL Tomatensugo
(siehe S. 14)
300 g rohe, küchenfertige
(TK)-Garnelen
1 Knoblauchzehe
1 EL Olivenöl
2 EL Sweet-Chili-Soße
1 kleine reife Mango
2 Frühlingszwiebeln
3 EL Koriandergrün,
frisch gehackt
100 g geriebener Mozzarella

1. Den Pizzateig wie beschrieben zubereiten und gehen lassen. Den Sugo zubereiten. Die Garnelen eventuell auftauen lassen, anschließend kalt abbrausen und trocken tupfen. Knoblauch schälen und durch die Presse drücken. Mit Olivenöl und Garnelen mischen und ziehen lassen. Sweet-Chili-Soße und Tomatensugo mischen.

2. Die Mango schälen, das Fruchtfleisch schräg vom Stein schneiden und klein würfeln. Die Frühlingszwiebeln waschen, den weißen und grünen Teil getrennt in Ringe schneiden. Die weißen Frühlingszwiebelringe mit Mango und der Hälfte Koriandergrün mischen.

3. Den Backofen auf 250 °C Ober-/Unterhitze (Umluft 220 °C) vorheizen. Aus dem Teig zwei dünne Fladen ausrollen und auf ein Blech legen. Die Fladen gleichmäßig mit Tomaten-Chili-Sugo bestreichen und mit Mozzarella bestreuen. Die Garnelen samt der Knoblauchmarinade und der Mangomischung darauf verteilen.

4. Die Pizzas im Ofen (mittlere Schiene) in 10–12 Minuten knusprig braun backen. Pizzas herausnehmen, mit Zwiebelgrün und übrigem Koriandergrün bestreuen und warm servieren.

PIZZA FUNGHI VERDE

VEGETARISCH

Für 2 Personen

1 Portion Pizzateig
(siehe S. 10)

1 Portion Tomatensugo
(siehe S. 14)

1 Knoblauchzehe

3–4 EL Olivenöl

200 g TK-Blattspinat

Salz, Pfeffer

125 g braune Champignons

150 g cremiger Ricotta

100 g geriebener Mozzarella

Außerdem

Pfeffer, frisch gemahlen

1. Den Pizzateig wie beschrieben zubereiten und gehen lassen. Den Sugo zubereiten. Den Knoblauch schälen und fein hacken. 1 Esslöffel Olivenöl in einem Topf erhitzen, den Knoblauch darin andünsten. Den gefrorenen Spinat zugeben und bei mittlerer Hitze auftauen lassen, salzen, pfeffern und in ein Sieb abgießen. Den Spinat abkühlen lassen, gut ausdrücken und leicht zerzupfen.

2. Die Champignons putzen und in feine Scheiben schneiden oder hobeln. Den Ricotta glatt verrühren, leicht salzen und pfeffern. Den Backofen auf 250 °C Ober-/Unterhitze (Umluft 220 °C) vorheizen.

3. Aus dem Teig zwei dünne Fladen ausrollen und auf ein Blech legen. Die Fladen gleichmäßig mit Tomatensugo bestreichen und mit Mozzarella bestreuen. Die Pilze gleichmäßig darauf verteilen, leicht salzen. Den Spinat in Häufchen und den Ricotta löffelweise in kleinen Klecksen dazwischen setzen. Übriges Öl über Pilze und Spinat träufeln.

4. Die Pizzas im Ofen (mittlere Schiene) in 10–12 Minuten knusprig braun backen, anschließend herausnehmen, mit Pfeffer übermahlen und servieren.

PIZZA TONNO HAWAII

Für 2 Personen

1 Portion Pizzateig
(siehe S. 10)

1 Portion Tomatensugo
(siehe S. 14)

180 g ganz frischer Thunfisch
(Sushiqualität)

1 EL (schwarze) Sesamsamen

1 kleine weiße Zwiebel

2 Frühlingszwiebeln

3 EL Olivenöl

Salz

¼ Ananas
(ca. 250 g Fruchtfleisch)

1 EL Limettensaft

1 TL Honig

2–3 Msp. Chiliflocken

1 EL Koriandergrün,
frisch gehackt

200 g kleine (gelbe)
Kirschtomaten

Außerdem

Korianderblättchen
zum Bestreuen

1. Den Pizzateig wie beschrieben zubereiten und gehen lassen. Den Sugo zubereiten. Den Thunfisch kalt abspülen, trocken tupfen und in ½–1 cm große Würfel schneiden. Sesamsamen in einer Pfanne ohne Fett rösten, bis sie leicht duften, auf einen Teller geben und abkühlen lassen. Inzwischen die Zwiebel schälen und fein würfeln. Die Frühlingszwiebeln putzen, waschen und den weißen Teil in kleine Stückchen und den grünen Teil in feine Ringe schneiden.

2. Thunfisch mit Sesamsamen, Zwiebelwürfeln, der Hälfte der grünen Frühlingszwiebelringe und 2 Esslöffeln Olivenöl mischen, mit Salz abschmecken und zugedeckt im Kühlschrank ziehen lassen.

3. Die Ananas schälen, den Strunk wegschneiden. Das Fruchtfleisch (etwa 250 g) in feine Würfel schneiden. Limettensaft, Honig, übriges Olivenöl und Chiliflocken verrühren. Ananas, gehacktes Koriandergrün und die weißen Frühlingszwiebelstückchen untermischen. Kirschtomaten waschen und halbieren. Den Backofen auf 250 °C Ober-/Unterhitze (Umluft 220 °C) vorheizen.

4. Aus dem Teig zwei dünne Fladen ausrollen und auf ein Blech legen. Die Fladen gleichmäßig mit Tomatensugo bestreichen. Ananassalsa und Kirschtomatenhälften darauf verteilen. Übrige grüne Frühlingszwiebelringe darüberstreuen.

5. Die Pizzas im Ofen (mittlere Schiene) in 10–12 Minuten knusprig braun backen. Herausnehmen und kurz abkühlen lassen, dann den marinierten Thunfisch darauf verteilen und die Pizzas mit Korianderblättchen bestreuen.

QUATTRO STAGIONI NUOVO

OHNE TOMATEN

Für 2 Personen

1 Portion Pizzateig
(siehe S. 10)
2 Birnen
2 EL Zitronensaft
100 g cremiger Ziegen-
frischkäse
3 EL saure Sahne
Salz, Pfeffer
150 g Ziegenrolle
1 Handvoll Rucola
3 EL Walnusskerne
8 schwarze Oliven (ohne Stein)
50 g Bündner Fleisch

1. Den Pizzateig wie beschrieben zubereiten und gehen lassen. Inzwischen die Birnen waschen, vierteln und entkernen. Die Viertel in 3–4 dünne Spalten schneiden und sofort in Zitronensaft wenden, damit sie nicht braun werden. Ziegenfrischkäse mit saurer Sahne verrühren, mit Salz und Pfeffer würzen. Die Ziegenrolle in Stücke schneiden. Den Backofen auf 200 °C Ober-/Unterhitze (Umluft 180 °C) vorheizen.

2. Aus dem Teig zwei dünne Fladen ausrollen und auf ein Blech legen. Die Fladen gleichmäßig mit der Ziegenkäsecreme bestreichen, die Birnenspalten darauf verteilen, leicht pfeffern und die Ziegenrollestückchen dazwischen verteilen. Die Pizzas im Ofen (mittlere Schiene) in 20–25 Minuten knusprig braun backen.

3. Inzwischen den Rucola waschen und trocken schleudern, grobe Stiele entfernen. Die Walnusskerne grob hacken. Oliven in Ringe schneiden. Bündner Fleisch eventuell in Streifen schneiden.

4. Die Pizzas herausnehmen, mit Oliven und Walnusskernen bestreuen. Rucola und Bündner Fleisch darauf verteilen und die Pizzas sofort servieren.

VEGETARISCHE VARIANTE

Wer möchte, kann die Pizza auch ohne Bündner Fleisch zubereiten. Dafür etwas mehr Nüsse verwenden oder noch etwas Honig darüberträufeln. Wer es kräftig und mit Käse liebt, kann für eine Veggiepizza auch 200 g gewürfelten Gorgonzola mit den Birnen mischen und sie dann mit 120 g geriebenem Emmentaler bestreuen.

PIZZA CAPRICIOSISSIMA

UNGEWÖHNLICH

Für 2 Personen

1 Portion Pizzateig
(siehe S. 10)

1 Portion Tomatensugo
(siehe S. 14)

1 kleines Bund Petersilie

1 Knoblauchzehe

½ Bio-Zitrone

1 EL Parmesan,
frisch gerieben

Pfeffer

4 mittelgroße Champignons

100 g gekochter Schinken

1 Glas Artischockenherzen
in Salzlake
(ca. 180 g Abtropfgewicht)

120 g geriebener Mozzarella

16 kleine schwarze Oliven
(mit Stein)

1. Den Pizzateig wie beschrieben zubereiten und gehen lassen. Den Sugo zubereiten. Inzwischen für die Gremolata die Petersilie waschen und trocken schütteln, die Blättchen abzupfen und nicht zu fein hacken. Knoblauch schälen und fein würfeln. Zitrone heiß waschen und abtrocknen, die Schale fein abreiben und mit Petersilie, Knoblauch und Parmesan in einem Schälchen mischen, pfeffern und abgedeckt beiseitestellen.

2. Die Champignons sauber abreiben und in feine Scheiben schneiden oder hobeln. Den Schinken klein schneiden. Die Artischockenherzen in ein Sieb abgießen, abtropfen lassen und halbieren oder vierteln. Den Backofen auf 250 °C Ober-/Unterhitze (Umluft 220 °C) vorheizen.

3. Aus dem Teig zwei dünne Fladen ausrollen und auf ein Blech legen. Die Fladen gleichmäßig mit Tomatensugo bestreichen und mit Mozzarella bestreuen. Schinken, Artischocken, Pilze und Oliven darauf verteilen.

4. Die Pizzas im Ofen (mittlere Schiene) in 10–12 Minuten knusprig braun backen. Herausnehmen und leicht abkühlen lassen, die Pizza mit Gremolata bestreuen und servieren.

02

SUPER VEGGIE

Pizza kommt auch gut mal ohne Schinken und Salami
aus, vor allem dann, wenn sich saisonale Gemüsesorten
in ihrer ganzen Vielfalt auf dem Teig breitmachen.
Sommerliches wie Tomaten, Auberginen und Zucchini
kennt jeder von klassisch italienischen Pizzas. Aber
auch Herbst- und Wintergemüse wie Feldsalat, Wirsing
oder Kürbis sind mehr als einen Versuch wert.

ZWIEBEL-KARTOFFEL-**PIZZA**

VEGETARISCH

Für 2 Personen

1 Portion Kartoffelteig
(siehe S. 23)

3 große Zwiebeln

2 Zweige Rosmarin

2–3 EL Olivenöl

150 g Mascarpone
(wahlweise Crème fraîche)

Salz, Pfeffer

1 Glas in Öl eingelegte
(halb-)getrocknete Tomaten
(ca. 180 g Füllgewicht)

1. Den Teig, wie auf *Seite 23* beschrieben, zubereiten und gehen lassen. Inzwischen die Zwiebeln schälen und in dünne Ringe schneiden. Den Rosmarin waschen, die Nadeln abzupfen und klein hacken. Das Olivenöl in einer Pfanne erhitzen, die Zwiebeln darin bei mittlerer Hitze goldbraun braten. Dann den Rosmarin unterrühren und die Pfanne vom Herd nehmen.

2. Den Mascarpone glatt rühren und kräftig mit Salz und Pfeffer würzen. Die Tomaten in ein Sieb abgießen und abtropfen lassen, dabei das Einlegeöl auffangen. Die Tomaten eventuell kleiner schneiden.

3. Den Backofen auf 230 °C Ober-/Unterhitze (Umluft 200 °C) vorheizen. Den Teig zu zwei großen oder acht kleinen dünnen Fladen ausrollen. Die Fladen gleichmäßig mit Mascarpone bestreichen und die Zwiebeln samt Bratöl, Rosmarin und die getrockneten Tomaten darauf verteilen. Mit wenig Tomateneinlegeöl beträufeln. Die Pizzas im Ofen (mittlere Schiene) 20–25 Minuten backen und heiß servieren.

PIZZA MIT TRÜFFEL

VEGETARISCH – OHNE TOMATEN

Für 2 Personen

1 Portion Pizzateig
(siehe S. 10)
200 g kleine junge Kartoffeln
2 Knoblauchzehen
1 Kugel Mozzarella (125 g)
2 Zweige Rosmarin
Salz, Pfeffer
3 EL Olivenöl
1 frischer Trüffel (ca. 25 g)

1. Den Teig wie auf *Seite 10* beschrieben zubereiten und gehen lassen. Inzwischen die Kartoffeln gründlich sauber bürsten und auf dem Gemüsehobel in dünne Scheiben hobeln. Den Knoblauch schälen und ebenfalls in dünne Scheiben hobeln (geht gut auf dem Trüffel- oder Käsehobel). Den Mozzarella trocken tupfen und in dünne Scheiben schneiden. Den Rosmarin waschen und trocken schütteln, die Nadeln abzupfen und grob, nicht allzu klein hacken.

2. Den Backofen auf 250 °C Ober-/Unterhitze (Umluft 220 °C) vorheizen. Den Teig zu zwei möglichst dünnen Fladen ausrollen. Die Fladen mit Mozzarella belegen und den Knoblauch darauf verteilen, dann die Kartoffeln leicht überlappend darüber schichten. Mit Rosmarin bestreuen, salzen, pfeffern und mit Olivenöl beträufeln.

3. Die Pizzas im Ofen (mittlere Schiene) in 15–18 Minuten goldbraun backen. Die Pizzas herausnehmen und den Trüffel direkt vor dem Servieren darüberhobeln.

TIPP!

Wer keinen Trüffel bekommt oder nicht so viel Geld investieren möchte: Anstelle von frischem Trüffel einfach etwas Trüffelöl über die fertige Pizza träufeln.

FRÜHLINGSPIZZA

VEGETARISCH – OHNE TOMATEN

Für 2 Personen

1 Portion Pizzateig
(siehe S. 10)
120 g TK-Erbsen
Salz
3 Frühlingszwiebeln
200 g grüner Spargel
1 EL Zitronensaft
2 EL Olivenöl
80 g Bärlauch
1 große Handvoll Kerbel
100 g Schmand
Pfeffer, frisch gemahlen
frisch geriebene Muskatnuss
150 g Burrata
(wahlweise Mozzarella)

1. Den Teig wie auf *Seite 10* beschrieben zubereiten und gehen lassen. Die gefrorenen Erbsen in Salzwasser etwa 5 Minuten garen, dann abgießen, kalt abbrausen und abtropfen lassen.

2. Frühlingszwiebeln putzen, waschen und schräg in dünne Ringe schneiden. Spargel waschen, holzige Enden wegschneiden und die Stangen längs von unten beginnend mit einem Sparschäler in dünne, lange Späne hobeln. Mit Zitronensaft und Öl mischen und leicht durchkneten.

3. Bärlauch und Kerbel waschen und trocken schütteln, jeweils die Hälfte davon beiseitelegen. Die übrigen Hälften fein hacken und mit knapp 1 Esslöffel Schmand fein pürieren. Restlichen Schmand unterrühren, mit Salz, Pfeffer und Muskat kräftig würzen.

4. Den Backofen auf 250 °C Ober-/Unterhitze (Umluft 220 °C) vorheizen. Den Pizzateig zu zwei dünnen Fladen ausrollen und auf ein Blech legen. Die Fladen mit Schmandcreme bestreichen, Erbsen und Spargelspäne darauf verteilen, leicht salzen und pfeffern. Im Ofen (mittlere Schiene) in 10–12 Minuten knusprig backen.

5. Burrata trocken tupfen und in Stücke zupfen. Übrigen Bärlauch grob zerschneiden, restlichen Kerbel grob zerzupfen. Die Pizzas herausnehmen, kurz ausdampfen lassen, Burrata und Kräuter darauf verteilen, mit Pfeffer übermahlen und servieren.

SOMMER**PIZZA**

1 Portion Pizzateig
(siehe S. 10)

1 Portion Tomatensugo
(siehe S. 14)

2 kleine schlanke Auberginen

1 Knoblauchzehe

Salz

Pfeffer, frisch gemahlen

80 g Ricotta salata
(siehe Tipp)

½ Granatapfel

100 g geriebener Mozzarella

1–2 EL flüssiger Honig

Außerdem

Olivenöl zum Braten

1. Den Teig wie auf *Seite 10* beschrieben zubereiten und gehen lassen. Den Sugo zubereiten. Inzwischen die Auberginen waschen, putzen und in 4–5 mm dicke Scheiben schneiden (geht gut auf der Brotschneidemaschine). Den Knoblauch schälen und fein hacken.

2. Reichlich Öl in einer beschichteten Pfanne erhitzen, Auberginen und Knoblauch darin unter Wenden – eventuell in zwei Lagen – goldbraun braten, salzen und pfeffern und abkühlen lassen. Den Ricotta in feine Scheiben hobeln. Granatapfelkerne aus den Trennwänden lösen.

3. Den Backofen auf 250 °C Ober-/Unterhitze (Umluft 220 °C) vorheizen. Ein Backblech mit Backpapier auslegen. Den Pizzateig zu zwei dünnen Fladen ausrollen und auf das Blech legen. Die Fladen mit Tomatensugo bestreichen, mit Mozzarella bestreuen und die Auberginenscheiben darüber verteilen. Im Ofen (mittlere Schiene) in 10–12 Minuten knusprig backen.

4. Die Pizzas herausnehmen und kurz abkühlen lassen, die Ricottaspäne darauf verteilen und mit Granatapfelkernen bestreuen. Alles mit Honig beträufeln und mit Pfeffer übermahlen.

TIPP!

Ricotta salata, den gereiften, festen Ricotta, bekommt man in italienischen Lebensmittelgeschäften und gut sortierten Supermarktkäsetheken. Wer keinen bekommt, nimmt stattdessen jungen Parmesan oder einen milden, gereiften, festen Ziegenkäse.

HERBST PIZZA

Für 2 Personen

1 Portion Pizzateig
(siehe S. 10)

1 Portion Tomatensugo
(siehe S. 14)

300 g Kräuterseitlinge

1 Knoblauchzche

5 Zweige Thymian

4 EL Olivenöl

Salz, Pfeffer

1 rote Zwiebel

3 EL Walnusskerne

100 g geriebener Mozzarella

150 g Feldsalat

50 g Parmesan

1. Den Teig wie auf *Seite 10* beschrieben zubereiten und gehen lassen. Den Sugo zubereiten. Inzwischen die Kräuterseitlinge putzen, große erst quer in etwa 5 mm dicke Scheiben, kürzere Pilze und die obere Kappe längs in etwa 5 mm dicke Scheiben schneiden. Den Knoblauch schälen und fein würfeln. Den Thymian waschen und trocken schütteln, die Blättchen abzupfen und fein hacken.

2. Das Olivenöl in einer beschichteten Pfanne erhitzen, die Pilze darin mit dem Knoblauch unter Rühren anbraten, bis sie leicht zu bräunen beginnen. Die Pilze sofort vom Herd nehmen und den Thymian unterrühren. Die Zwiebel schälen und quer in dünne Ringe schneiden. Die Walnusskerne grob hacken, beides unter die lauwarmen Pilze mischen.

3. Den Backofen auf 250 °C Ober-/Unterhitze (Umluft 220 °C) vorheizen. Ein Backblech mit Backpapier auslegen. Den Pizzateig zu zwei dünnen Fladen ausrollen und auf das Blech legen. Die Fladen mit Tomatensugo bestreichen, mit Mozzarella bestreuen und die Pilz-Zwiebel-Walnussmischung samt Bratöl darüber verteilen. Im Ofen (mittlere Schiene) in 10–12 Minuten knusprig braun backen.

4. Inzwischen den Feldsalat waschen, putzen und trocken schleudern, eventuell in Blättchen oder kleinere Sträußchen zerzupfen. Parmesan mit dem Sparschäler in Späne hobeln. Die Pizzas aus dem Ofen nehmen. Den Salat darauf verteilen und mit Parmesan bestreuen. Sofort servieren und genießen.

WINTER**PIZZA**

Für 2 Personen

1 Portion Pizzateig
(siehe S. 10)

1 Portion Tomatensugo
(siehe S. 14)

300 g (Bio-)Topinambur

1 Knoblauchzehe

5 Zweige Thymian

4 EL Olivenöl

20 g schwarze Oliven
(ohne Stein)

3 EL Haselnussblättchen

150 g Ziegenrolle

1. Den Teig wie auf *Seite 10* beschrieben zubereiten und gehen lassen. Den Sugo zubereiten. Den Topinambur waschen und gründlich sauber bürsten, unschöne Stellen oder „Warzen" wegschneiden und die Knolle in dünne Scheiben schneiden oder hobeln. Den Knoblauch schälen und fein hacken. Den Thymian waschen und trocken schütteln, die Blättchen abzupfen und fein hacken.

2. In einer beschichteten Pfanne 2–3 Esslöffel Olivenöl erhitzen, Topinambur und Knoblauch darin unter Rühren 3–5 Minuten braten, er sollte noch leicht Biss haben. Topinambur vom Herd nehmen und den Thymian unterrühren. Die Oliven in Scheiben schneiden.

3. Den Backofen auf 250 °C Ober-/Unterhitze (Umluft 220 °C) vorheizen. Ein Backblech mit Backpapier auslegen. Den Pizzateig zu zwei dünnen Fladen ausrollen und auf das Blech legen. Die Fladen mit Tomatensugo bestreichen, die Topinamburscheiben darauf verteilen und mit Oliven und Nüssen bestreuen.

4. Den Käse in kleine Stücke schneiden und auf den Pizzas verteilen. Alles mit übrigem Olivenöl beträufeln. Die Pizzas im Ofen (mittlere Schiene) in 10–12 Minuten knusprig braun backen, dann herausnehmen und heiß servieren.

RADICCHIO-**PIZZA**

VEGETARISCH

Für 2 Personen

1 Portion Pizzateig
(siehe S. 10)

1 Portion Tomatensugo
(siehe S. 14)

300 g Radicchio

1 Knoblauchzehe

2 EL Olivenöl

Zucker

2 EL Balsamico-Essig

Salz, Pfeffer

250 g geräucherter Scamorza

1. Den Teig wie auf *Seite 10* beschrieben zubereiten und gehen lassen. Den Sugo zubereiten. Den Radicchio halbieren, waschen und den Strunk keilförmig herausschneiden. Die Salathälften quer in etwa 1 cm breite Streifen schneiden. Den Knoblauch schälen und fein würfeln.

2. Das Olivenöl in einer Pfanne erhitzen, Radicchio und Knoblauch darin bei großer Hitze unter Rühren anbraten, bis er leicht zusammenzufallen beginnt. 3 Prisen Zucker zugeben und unterrühren, mit Essig ablöschen. Den Radicchio salzen und pfeffern, kurz durchrühren und vom Herd nehmen. Den Scamorza in kleine Stücke schneiden.

3. Den Backofen auf 250 °C Ober-/Unterhitze (Umluft 220 °C) vorheizen. Ein Backblech mit Backpapier auslegen. Den Pizzateig zu zwei dünnen Fladen ausrollen und auf das Blech legen. Die Fladen mit Tomatensugo bestreichen. Radicchio und Scamorzawürfel darauf verteilen. Die Pizzas im Ofen (mittlere Schiene) in 10–12 Minuten knusprig braun backen, dann herausnehmen und heiß servieren.

TIPP!

Scamorza ist ein gereifter Brühkäse aus Kuhmilch, der ähnlich wie Mozzarella hergestellt wird. Die birnenförmigen, handgroßen Käse gibt es in ungeräucherter oder geräucherter, kräftig schmeckender Version (Scamorza affumicata) – der ist inzwischen in fast jeder Supermarktkäsetheke zu finden. Die Pizza schmeckt übrigens auch gut mit dem Süßkartoffel-Pizzateig von *Seite 26.*

MANGOLD-PIZZA MIT EI

VEGETARISCH – GLUTENFREI

Für 2 Personen

1 Portion Quinoa-Pizzateig
(siehe S. 27)

400 g (gelbstieliger)
Mangold

2 Knoblauchzehen

2 EL Olivenöl

Salz, Pfeffer

250 g stückige Tomaten
(Tetrapak)

2 Msp. Chilipulver

150 g geriebener Mozzarella

4 Eier (Größe S)

1. Den Teig wie auf *Seite 27* beschrieben zubereiten. Zwei Backformen mit Backpapier auslegen. Den Mangold waschen, trocken schütteln und putzen. Die Stiele in etwa 4 mm dicke Stücke, die Blätter getrennt in etwa 1 cm breite Streifen schneiden. Den Knoblauch schälen und fein würfeln.

2. Das Olivenöl in einer beschichteten Pfanne erhitzen, die Mangoldstiele darin unter Rühren bei mittlerer Hitze etwa 5 Minuten braten, salzen und pfeffern. Tomaten und Chilipulver zugeben und bei mittlerer Hitze 10–12 Minuten garen. Die Mangoldblätter hinzufügen und unter Rühren bei großer Hitze zusammenfallen lassen, dann lauwarm abkühlen lassen.

3. Den Backofen auf 220 °C Ober-/Unterhitze (Umluft 200 °C) vorheizen. Den Pizzateig, wie auf *Seite 27* beschrieben, in die Formen geben, backen und wenden. Inzwischen die Mangold-Tomaten-Masse mit Salz und Pfeffer abschmecken und den Mozzarella untermischen.

4. Die Formen mit dem vorgebackenen Teig herausnehmen und die Mangoldmasse darauf verteilen. Die Eier aufschlagen und mit etwas Abstand zueinander in die Mitte der Pizzas gleiten lassen (eventuell vorher mit einem Löffel eine leichte Mulde in den Mangold drücken), die Eier leicht salzen und pfeffern. Die Pizzas im Ofen (mittlere Schiene) in 18–20 Minuten knusprig braun backen, dann herausnehmen und heiß servieren.

VARIANTE

Die Pizzas lassen sich auch mit normalem Pizzateig *(siehe S. 10)* zubereiten.

PIZZA MIT LINSEN

VEGETARISCH – GLUTENFREI

Für 2 Personen

450 ml Gemüsebrühe

150 g rote Linsen

15 g frischer Ingwer

1 ½ TL indische Currypaste

1 Portion Blumenkohl-Pizzateig
(siehe S. 24)

100 g Babyspinat

150 g Joghurt

1 EL Limettensaft

Salz, Pfeffer

½ TL gemahlener Kreuzkümmel

⅓ Bund Koriandergrün

100 g geriebener Mozzarella

1. Die Gemüsebrühe in einem Topf aufkochen. Die Linsen in einem Sieb unter kaltem Wasser abspülen und abtropfen lassen. Den Ingwer schälen und fein hacken. Beides mit Currypaste in die kochende Brühe rühren und die Linsen bei niedriger Hitze 15–20 Minuten garen, bis sie weich sind. Die Linsen vom Herd nehmen und abkühlen lassen, die überschüssige Flüssigkeit eventuell abgießen. Die Linsen leicht anpürieren.

2. Inzwischen den Pizzateig wie auf *Seite 24* beschrieben vorbereiten, dann daraus vier kleine Fladen formen und wie beschrieben bei 220 °C Ober-/Unterhitze 20–25 Minuten vorbacken.

3. Während die Pizzaböden backen, den Spinat waschen, verlesen und trocken schleudern. Joghurt mit Limettensaft, Salz, Pfeffer, Kreuzkümmel und eventuell 1–2 Esslöffeln Wasser verrühren, sodass eine leicht flüssige Soße entsteht. Koriandergrün waschen trocken schütteln und grob hacken.

4. Das Blech mit den vorgebackenen Blumenkohlteigfladen herausnehmen. Die Linsenmasse zügig auf den Pizzas verteilen und mit Mozzarella bestreuen. Die belegten Pizzas im Ofen (mittlere Schiene) bei 220 °C Ober-/Unterhitze (Umluft 200 °C) 10–12 Minuten backen.

5. Die Pizzas herausnehmen, mit Spinat und Koriandergrün bestreuen, mit Joghurt beträufeln. Sofort servieren.

TEX-MEX-CHILI-PIZZA

VEGETARISCH

Für 2 Personen

1 Portion Pizzateig
(siehe S. 10)
1 Zwiebel
1 Knoblauchzehe
1 kleine gelbe Paprikaschote
2 EL Olivenöl
1 EL Tomatenmark
200 g passierte Tomaten
(Tetrapak)
1 Dose schwarze Kidneybohnen (ca. 240 g Abtropfgewicht)
1 TL Chili-Gewürzmischung
Salz, Pfeffer
100 g Cheddar-Käse (wahlweise junger Gouda), frisch gerieben
1 kleine reife Avocado
1 EL Limettensaft
3–4 EL saure Sahne
2 EL Koriandergrün,
frisch gehackt

1. Den Teig wie auf *Seite 10* beschrieben zubereiten und gehen lassen. Inzwischen Zwiebel und Knoblauch schälen und klein würfeln. Die Paprikaschote halbieren, putzen, waschen und in etwa 1,5 cm große Würfel schneiden. Öl in einer Pfanne erhitzen, Zwiebel und Knoblauch darin andünsten, Paprika zugeben und unter Rühren kurz mitbraten. Tomatenmark einrühren und kurz anrösten, dann die passierten Tomaten zugeben.

2. Die Kidneybohnen in ein Sieb abgießen und in die Pfanne geben, mit Chili-Gewürzmischung, Salz und Pfeffer würzen und alles offen bei mittlerer Hitze in 10–15 Minuten sämig einkochen lassen. Die Bohnen vom Herd nehmen und leicht abkühlen lassen.

3. Den Backofen auf 250 °C Ober-/Unterhitze (Umluft 220 °C) vorheizen. Ein Backblech mit Backpapier auslegen. Den Pizzateig zu zwei länglichen Fladen ausrollen, dabei einen Rand bilden und auf das Blech legen. Das Chili darauf verteilen und mit Käse bestreuen. Im Ofen (mittlere Schiene) in 10–12 Minuten goldbraun backen.

4. Inzwischen die Avocado halbieren und den Stein entfernen. Das Fruchtfleisch aus der Schale lösen, in Würfel schneiden und sofort mit Limettensaft mischen, damit es nicht braun wird. Saure Sahne mit Salz und Pfeffer würzen. Die Pizzas aus dem Ofen nehmen und kurz abkühlen lassen, dann mit Avocadowürfeln bestreuen, saure Sahne in Klecksen daraufgeben und mit Koriandergrün bestreuen.

PIZZA TURKISH DELIGHT

VEGETARISCH

Für 2 Personen

1 Portion Pizzateig
(siehe S. 10)

½ Portion Tomatensugo
(siehe S. 14)

1 Aubergine

je 1 gelbe und grüne
Paprikaschote

2 Knoblauchzehen

Salz, Pfeffer

150 g Fetakäse

1 Bund glatte Petersilie

2–3 EL (scharfes) Ajvar
(aus dem Glas)

Außerdem

Olivenöl zum Braten

1. Den Teig wie auf *Seite 10* beschrieben zubereiten und gehen lassen. Den Sugo zubereiten. Inzwischen die Aubergine waschen, putzen und in etwa 1,5 cm große Würfel schneiden. Die Paprikaschoten halbieren, putzen, waschen und in etwa 1 cm groß würfeln. Den Knoblauch schälen und fein würfeln.

2. Reichlich Öl in einer beschichteten Pfanne erhitzen, Paprikawürfel und die Hälfte Knoblauch darin unter Rühren bei großer Hitze 4–5 Minuten garen, bis sie etwas weicher sind. Dann salzen und pfeffern. Paprikawürfel aus der Pfanne nehmen. Öl in derselben Pfanne erhitzen, Aubergine und übrigen Knoblauch darin anbraten, bis die Auberginenwürfel leicht bräunen, dann herausnehmen. Den Fetakäse zerbröckeln. Die Petersilie waschen und trocken schütteln, die Blättchen abzupfen und grob hacken.

3. Den Backofen auf 250 °C Ober-/Unterhitze (Umluft 220 °C) vorheizen. Ein Backblech mit Backpapier auslegen. Den Pizzateig zu vier länglichen Fladen ausrollen, dabei einen Rand bilden und auf das Blech legen. Tomatensugo, Ajvar, die Hälfte Petersilie, Auberginen- und Paprikastücke mischen und auf den Pizzas verteilen. Den Feta daraufgeben.

4. Die Pizzas im Ofen (mittlere Schiene) in 12–15 Minuten knusprig braun backen, dann herausnehmen, üppig mit übriger Petersilie bestreuen und warm servieren.

PIZZA MIT SÜSSKARTOFFELN

Für 2 Personen

1 Portion Pizzateig
(siehe S. 10)

1 Portion Tomatensugo
(siehe S. 14)

180 g Schalotten

3 EL Zucker

150 ml Portwein

2 Zweige Rosmarin

5–6 EL Balsamico-Essig

Salz, Pfeffer

1 große Süßkartoffel
(ca. 350 g)

1 Knoblauchzehe

3 EL Olivenöl

150 g Provolone
(piccante)

1. Den Teig wie auf Seite 10 beschrieben zubereiten und gehen lassen. Den Sugo zubereiten. Schalotten schälen, in schmale Spalten schneiden. Zucker in einem Topf goldgelb karamellisieren lassen. Schalotten zugeben und kurz karamellisieren lassen, mit Portwein ablöschen. Alles bei mittlerer bis großer Hitze kochen, bis sich der Karamell aufgelöst hat, dann bei mittlerer Hitze weitere 5–6 Minuten köcheln lassen.

2. Rosmarin waschen und trocken schütteln, die Nadeln abzupfen und grob hacken. ½ Teelöffel Rosmarin und Essig unter die Schalotten rühren und diese weitere 4–5 Minuten köcheln lassen, salzen und pfeffern. Schalotten im Sieb abtropfen lassen, dabei den Kochsud auffangen.

3. Süßkartoffel schälen und knapp 1 cm groß würfeln. Knoblauch schälen und grob hacken. Öl in einer beschichteten Pfanne erhitzen, die Süßkartoffel darin bei niedriger bis mittlerer Hitze 4–6 Minuten braten, dabei zwischendurch salzen, pfeffern und durchrühren. Kurz vor Garzeitende Knoblauch und Rosmarin unterrühren. Provolone würfeln.

4. Backofen auf 250 °C Ober-/Unterhitze (Umluft 220 °C) vorheizen. Ein Backblech mit Backpapier auslegen. Den Teig zu zwei dünnen Fladen ausrollen und auf das Blech legen. Mit Sugo bestreichen. Süßkartoffelwürfel darauf verteilen, Käsewürfel und Schalotten dazwischen verteilen. Die Pizzas im Ofen (mittlere Schiene) in 12–15 Minuten knusprig braun backen. Eventuell mit Schalottensud beträufeln (siehe Tipp).

TIPP!

Sollte der Schalottensud zum Beträufeln zu dünnflüssig sein, noch mal bei großer Hitze offen sirupartig einkochen lassen.

03

EXTRA
FRESH

///

Auch in Italien schätzt man Pizza crudo: vorgebackene Teigfladen mit frischen, rohen Zutaten belegt. Das schmeckt besonders gut an heißen Tagen und hat den Vorteil, dass die gesunden Inhaltsstoffe vom Gemüse vollständig erhalten bleiben. Drum heißt es für Pizza heute auch immer öfter: go raw!

SUPER GREEN PIZZA

VEGETARISCH – LOW CARB – GLUTENFREI

Für 2 Personen

1 Portion Low-Carb-Pizzateig
(siehe S. 20)

250 g Grünkohlblätter

1 Knoblauchzehe

1 Bio-Zitrone

Salz

1 große reife Avocado

40 g Walnusskerne

4–5 EL Olivenöl

Pfeffer, frisch gemahlen

Chiliflocken

100 g TK-Edamame

1 Handvoll Babyspinat

100 g Heidelbeeren

150 g Fetakäse

2–3 EL Olivenöl (wahlweise
Pizza-Würzöl (siehe S. 29)

1. Den Teig wie auf Seite 20 beschrieben zubereiten und backen. Grünkohl waschen und trocken schleudern, die Blätter abzupfen und kleiner zupfen, die Stängel klein schneiden. Stängel und einen Teil der Blätter abnehmen – es sollten etwa 150 g sein. Knoblauch schälen und grob hacken. Zitrone heiß waschen und abtrocknen, Schale fein abreiben und den Saft auspressen. Übrige Grünkohlblätter mit 1–2 EL Zitronensaft und 1 guten Prise Salz mischen und mit den Händen kurz kräftig durchkneten, dann ziehen lassen.

2. Avocado halbieren, Stein und Schale entfernen. Eine Hälfte Fruchtfleisch grob zerschneiden und mit 150 g abgewogenem Grünkohl, Knoblauch, Walnusskernen, der Hälfte Zitronenschale, 3–4 Esslöffeln -saft und Olivenöl in der Küchenmaschine zu einer cremigen Masse pürieren. Mit Salz, Pfeffer und Chiliflocken kräftig würzen.

3. Ausreichend Wasser in einem Topf aufkochen, salzen und die gefrorenen Edamame darin zugedeckt bei mittlerer Hitze 10 Minuten garen, anschließend in einem Sieb kalt abbrausen und abtropfen lassen. Den Spinat verlesen, waschen und trocken schleudern. Heidelbeeren waschen und abtropfen lassen. Feta klein zerbröckeln. Übrige Avocadohälfte in Spalten schneiden, mit etwas Zitronensaft beträufeln.

4. Die Pizzas mit der Grünkohl-Avocadocreme bestreichen. Marinierte Grünkohlblätter, Avocadospalten, Edamame und Spinat darauf verteilen, dann mit Feta und Heidelbeeren bestreuen und alles mit Pfeffer übermahlen. Nach Wunsch mit Öl beträufeln und servieren.

PIZZA MIT KÜRBISCREME

VEGETARISCH – OHNE TOMATE

Für 2 Personen

1 Portion Pizzateig
(siehe S. 10)

Für die Kürbiscreme

500 g Butternusskürbis
(geputzt ca. 450 g)

1 Zwiebel

1 Knoblauchzehe

Salz, Pfeffer

2 Msp. Chiliflocken

½ TL gemahlener
Kreuzkümmel

3 EL Olivenöl

3–4 EL Sahne

Für die Pizza

1 Dose Kichererbsen
(400 g Füllgewicht)

½ TL getrockneter Oregano

½ TL gemahlener Kreuzkümmel

Salz, Pfeffer

1 EL Olivenöl

50 g Parmesan (nach Belieben)

2 Handvoll Babymangold-
Salatblätter

2–3 EL Crema di balsamico

1. Den Teig wie auf *Seite 10* beschrieben zubereiten und gehen lassen. Für die Kürbiscreme den Backofen auf 220 °C Ober-/Unterhitze (Umluft 200 °C) vorheizen. Den Kürbis schälen, Kerne und Fasern entfernen und das Fruchtfleisch etwa 1,5 cm groß würfeln.

2. Zwiebel und Knoblauch schälen, die Zwiebel in dünne Streifen, den Knoblauch in Scheiben schneiden. Mit dem Kürbis und den übrigen Zutaten in einer ofenfesten Form mischen. Im Ofen (mittlere Schiene) in 30–35 Minuten weich garen. Leicht abkühlen lassen, dann mit Sahne und eventuell wenig Wasser zu einer dicken Creme pürieren.

3. Den Backofen auf 250 °C Ober-/Unterhitze (Umluft 220 °C) vorheizen. Den Teig zu zwei Fladen ausrollen. Die Kichererbsen in ein Sieb abgießen, abtropfen lassen und mit Oregano, Kreuzkümmel, wenig Salz, Pfeffer und Öl mischen. Die Fladen mit lauwarmer Kürbiscreme bestreichen und die Kichererbsen darauf verteilen. Im Ofen (mittlere Schiene) in 10–12 Minuten braun backen.

4. Nach Belieben den Parmesan in Späne hobeln. Mangold-Salatblätter waschen, verlesen und trocken schleudern. Die Pizzas aus dem Ofen nehmen, Mangoldblätter und Parmesanspäne darauf verteilen und alles mit Crema di balsamico beträufeln.

LIKE-A-FALAFEL-PIZZA

VEGETARISCH – GLUTENFREI

Für 2 Personen

1 Portion Kichererbsenteig
(siehe S. 19)
1 Knoblauchzehe
3 EL Tahin (Sesammus)
200 g griechischer Joghurt
(10 % Fett)
5–7 EL Zitronensaft
Salz, Pfeffer
½ TL gemahlener
Kreuzkümmel
1 Mini-Römersalat
½ Salatgurke
3 Tomaten
2 Frühlingszwiebeln
3 EL kleine schwarze Oliven
Chiliflocken (nach Belieben)

1. Den Teig wie auf *Seite 19* beschrieben zubereiten und ruhen lassen. Inzwischen den Knoblauch schälen und durch die Presse drücken. Mit Tahin und Joghurt glatt verrühren. Den Zitronensaft und so viel Wasser unterrühren, dass eine dickliche Creme entsteht. Mit Salz, Pfeffer und Kreuzkümmel pikant würzen.

2. Den Salat waschen, den Strunk wegschneiden, die Blätter quer in schmale Streifen schneiden und trocken schleudern. Die Gurke schälen und in kleine Würfel schneiden. Tomaten waschen, halbieren, Kerne und Stielansatz entfernen und das Fruchtfleisch ebenfalls klein würfeln. Frühlingszwiebeln waschen, putzen und mit dem Grün in dünne Ringe schneiden.

3. Den Backofen auf 220 °C Ober-/Unterhitze (Umluft 200 °C) vorheizen, dabei eine ofenfeste Pfanne (Ø 28 cm) mit erhitzen (mittlere Schiene). Darin nacheinander zwei Teigfladen, wie auf *Seite 19* beschrieben, zubereiten und den ersten in einem Tuch warm halten, während der zweite bäckt.

4. Die fertigen Teigfladen lauwarm abkühlen lassen und mit der Tahin-Joghurt-Creme bestreichen. Salatstreifen darauf verteilen, Gurken- und Tomatenwürfel darauf löffelweise verteilen und mit Frühlingszwiebelringen und Oliven bestreuen. Alles leicht salzen und pfeffern. Wer Schärfe liebt, streut noch Chiliflocken darüber.

PIZZA MIT ZIEGENKÄSE

Für 2 Personen

1 Portion Pizzateig
(siehe S. 10)

2–3 Zweige Rosmarin

100 g cremiger Ziegen-
frischkäse

100 g Crème fraîche

2–3 EL Sahne

1 ½ TL körniger Senf

Salz, Pfeffer

300 g kleine (bunte)
Kirschtomaten

1 Knoblauchzehe

3 EL Olivenöl

¾ TL Zucker

1 kleines Bund Rucola

1. Den Teig wie auf *Seite 10* beschrieben zubereiten und gehen lassen. Inzwischen den Rosmarin waschen und trocken schütteln, die Nadeln abzupfen und fein hacken – es sollte ein guter Esslöffel voll sein. Die Hälfte davon mit Ziegenfrischkäse, Crème fraîche und Sahne glatt verrühren. Die Creme mit körnigem Senf, Salz und Pfeffer pikant würzen.

2. Die Tomaten waschen. Den Knoblauch schälen und fein würfeln. Olivenöl in einer Pfanne erhitzen, die Tomaten darin bei großer Hitze braten, bis sie aufzuplatzen beginnen. Zucker, Rosmarin und Knoblauch unterrühren und bei niedriger Hitze kurz mit anbraten, dann die Tomaten vom Herd nehmen.

3. Den Backofen auf 250 °C Ober-/Unterhitze (Umluft 220 °C) vorheizen. Ein Backblech mit Backpapier auslegen. Den Pizzateig zu zwei dünnen Fladen ausrollen und auf das Blech legen. Die Fladen mit der Ziegenfrischkäsecreme bestreichen. Die Tomaten vorsichtig aus der Pfanne nehmen, sodass der Bratsud abtropfen kann. Die abgetropften Tomaten auf der Käsecreme verteilen. Die Pizzas im Ofen (mittlere Schiene) in 10–12 Minuten knusprig braun backen.

4. Inzwischen den Rucola waschen, trocken schleudern und grobe Stiele wegschneiden. Die Pizzas herausnehmen, den Rucola daraufgeben, mit dem Bratsud von den Tomaten beträufeln und die Pizzas heiß servieren.

PIZZA MIT FEIGEN

VEGETARISCH

Für 2 Personen

1 Portion Pizzateig
(siehe S. 10)
120 g Gorgonzola
80 g Crème fraîche
2–3 EL Sahne
2–3 Spritzer Zitronensaft
Salz
Pfeffer, frisch gemahlen
4 frische reife Feigen
3 Tomaten
1 kleines Bund Rucola
3 Stängel Basilikum

1. Den Teig wie auf *Seite 10* beschrieben zubereiten und gehen lassen. Inzwischen den Gorgonzola in kleine Stücke schneiden. Die Hälfte davon mit Crème fraîche und Sahne cremig pürieren. Mit Zitronensaft, Salz und Pfeffer würzen.

2. Den Backofen auf 250 °C Ober-/Unterhitze (Umluft 220 °C) vorheizen. Ein Backblech mit Backpapier auslegen. Den Pizzateig zu zwei dünnen Fladen ausrollen und auf das Blech legen. Die Fladen mit der Gorgonzolacreme bestreichen, übrige Gorgonzolastücke darauf verteilen. Die Pizzas im Ofen (mittlere Schiene) in 10–12 Minuten knusprig braun backen.

3. Die Feigen waschen und in Achtel oder Scheiben schneiden. Die Tomaten waschen und quer in dünne Scheiben schneiden. Den Rucola waschen, trocken schleudern und grobe Stiele wegschneiden. Basilikum waschen, trocken schütteln und die Blätter abzupfen. Die Pizzas herausnehmen, die Tomaten darauf verteilen. Rucola, Feigen und Basilikum daraufgeben. Alles leicht salzen und kräftig mit Pfeffer übermahlen.

TIPP!

Auch toll: Anstelle von Gorgonzola Ziegenfrischkäse nehmen und noch 1 Teelöffel gehackten Thymian unter die Creme rühren. Wer will, kann die Feigen auch in Scheiben schneiden und gleich mitbacken und anschließend die Pizzas nur mit Rucola belegen.

TAPAS-PIZZA

VEGETARISCH – GLUTENFREI

1 rote Paprikaschote
1 Stange Staudensellerie
1 kleiner Fenchel
150 g Kirschtomaten
1 Knoblauchzehe
1 Zweig Rosmarin
2 EL Olivenöl
1 EL Balsamico-Essig
Salz, Pfeffer
Zucker
1 Portion Kichererbsenteig
(siehe S. 19)
80 g Manchego-Käse
2–3 EL Rauchmandeln
(Fertigprodukt)
80 g Chorizo in Scheiben
je 8 grüne und schwarze
Oliven

1. Den Backofen auf 200 °C Ober-/Unterhitze (Umluft 180 °C) vorheizen. Die Paprikaschote halbieren, putzen, waschen und in etwa 3 cm große Stücke schneiden. Sellerie und Fenchel waschen und putzen. Den Sellerie in etwa 5 mm dicke Scheiben und den Fenchel längs in schmale Spalten schneiden, dabei den Strunk wegschneiden. Tomaten waschen und halbieren.

2. Den Knoblauch schälen und in feine Scheiben schneiden. Rosmarin waschen und trocken schütteln, die Nadeln abzupfen und fein hacken. Beides mit dem Gemüse, Olivenöl und Essig in einer kleinen ofenfesten Auflaufform mischen, mit Salz, Pfeffer und 2 Prisen Zucker würzen. Im Ofen (mittlere Schiene) etwa 45 Minuten garen, dabei mehrmals durchmischen.

3. Inzwischen den Kichererbsen-Pizzateig, wie auf *Seite 19* beschrieben, zubereiten und daraus zwei Pizzaböden backen, danach beide lauwarm (eventuell auch völlig, *siehe Tipp)* abkühlen lassen. Währenddessen den Manchego in gröbere Stücke brechen und die Mandeln grob hacken. Die Pizzaböden mit dem lauwarmen oder abgekühlten Gemüse belegen, Chorizo, Käse, Oliven und Mandeln darauf verteilen.

TIPP!

Diese Pizza ist auch kalt ein Hit: Pizzas in Stücke brechen oder schneiden und zu einem Glas Sherry oder Cava als kleine Häppchen servieren.

AVOCADO-PIZZA

VEGAN – GLUTENFREI – LOW CARB

Für 2 Personen

180 g Cashewkerne
(oder Cashewnussbruch)

5 getrocknete in Öl eingelegte
Tomaten

1 kleine Knoblauchzehe

2 Zweige Thymian

100 ml Gemüsebrühe

1 EL Hefeflocken

Salz, Pfeffer

1 Portion Low-Carb-Pizzateig
(siehe S. 20)

1 reife Avocado

2 EL Zitronensaft

3 (bunte) Tomaten
(siehe Tipp)

3 Stängel Basilikum

Chiliflocken (nach Belieben)

1. Cashewkerne mindestens 4 Stunden (oder über Nacht) in reichlich Wasser einweichen. Danach in ein Sieb abgießen, mit kaltem Wasser abbrausen und abtropfen lassen. Eingelegte Tomaten abtropfen lassen und zerschneiden. Knoblauch schälen und hacken. Thymian waschen und trocken schütteln, die Blättchen abzupfen und fein hacken.

2. Die Hälfte Thymian mit Knoblauch, Tomaten und 80 ml Brühe in der Küchenmaschine oder mit dem Pürierstab fein und pürieren, dabei so viel Brühe zugeben, bis eine streichfähige Creme entstanden ist. Mit Hefeflocken, Salz und Pfeffer würzen, den übrigen Thymian unterrühren.

3. Den Low-Carb-Pizzateig wie auf *Seite 20* beschrieben zubereiten und backen. Herausnehmen und lauwarm oder kalt abkühlen lassen. Avocado halbieren, Stein und Schale entfernen, das Fruchtfleisch längs in Spalten schneiden. Diese in Zitronensaft wenden, damit sie nicht braun werden. Tomaten waschen und quer in Scheiben schneiden, dabei den Stielansatz entfernen. Basilikum waschen und trocken schütteln, Blättchen grob zerzupfen.

4. Pizzaböden mit der Cashewkerncreme bestreichen, mit Avocadospalten und Tomatenscheiben belegen. Mit Basilikum bestreuen und mit Chiliflocken bestreuen.

TIPP!

Im Sommer gibt es häufig alte Tomatensorten in unterschiedlichen Rot-, Orange-, Gelb- und Grüntönen auf Bio- oder Bauernmärkten. Sie sind nicht nur attraktiv bunt, sondern schmecken auch herrlich aromatisch. Wer will, träufelt noch Crema di balsamico über die Pizza.

04

FUSION STYLE

Wer mehr als nur Italien auf seinem Teller schmecken will, ist hier richtig: Bunt gemixte Zutaten aus den unterschiedlichsten Ländern rund um den Globus geben der guten, alten Pizza einen neuen Dreh: heute mit angesagtem Grünkohl, morgen mit Thai-Huhn, griechischem Gyros oder urig deutschem Wirsingkohl. Erlaubt ist, was gefällt – und schmeckt.

KALE-PIZZA MIT CHORIZO

SCHARF – WÜRZIG

Für 2 Personen

1 Portion Pizzateig
(siehe S. 10)

1 Portion Tomatensugo
(siehe S. 14)

400 g Grünkohlblätter
(geputzt ca. 300 g)

1 Knoblauchzehe

5 EL Olivenöl

Salz, Pfeffer

3–4 EL Weißwein

1 Kugel Mozzarella (125 g)

100 g Chorizo in Scheiben

1. Den Pizzateig wie auf Seite 10 beschrieben zubereiten und gehen lassen. Den Sugo zubereiten. Den Grünkohl waschen und trocken schütteln, die Blätter von den harten Stielen streifen und kleiner zupfen. Knoblauch schälen und fein würfeln.

2. Die Hälfte Olivenöl in einer beschichteten Pfanne erhitzen, den Knoblauch darin leicht andünsten. Grünkohl zugeben und unter Rühren bei großer Hitze in 2–3 Minuten zusammenfallen lassen, salzen und pfeffern. Mit Wein oder Wasser ablöschen und den Kohl bei mittlerer Hitze dünsten, bis die Flüssigkeit verdampft ist. Den Kohl vom Herd nehmen und abkühlen lassen. Mozzarella trocken tupfen und klein würfeln.

3. Den Backofen auf 250 °C Ober-/Unterhitze (Umluft 220 °C) vorheizen. Ein Backblech mit Backpapier auslegen. Den Pizzateig zu zwei dünnen Fladen ausrollen und auf das Blech legen, mit Sugo bestreichen. Den Grünkohl mit übrigem Öl mischen. Die Fladen mit Mozzarella bestreuen, Grünkohl und Chorizo darauf verteilen. Die Pizzas im Ofen (mittlere Schiene) in 10–12 Minuten fertig backen.

VEGGIE-VARIANTE

Anstelle von Chorizo 1 rote Spitzpaprika putzen, etwa 1 cm klein würfeln und mit dem Grünkohl anbraten. Wer will, würzt Paprika und Grünkohl zusätzlich mit Chiliflocken oder Pimentón de la vera und verteilt beides mit dem Mozzarella auf der Pizza. Nach dem Backen noch mit 50 g gehackten Rauchmandeln bestreuen.

PIZZA MAROKKO

SCHARF – WÜRZIG

Für 2 Personen

1 Portion Pizzateig mit Joghurt
(siehe S. 11)

1 Portion Tomatensugo
(siehe S. 14)

1 große Aubergine

2 lange grüne
türkische Spitzpaprika

1 Knoblauchzehe

2 Frühlingszwiebeln

Salz, Pfeffer

3 Merguez (à ca. 80 g,
scharfe, rohe Bratwürste)

1 EL Ras-el-Hanout (oriental-
lische Gewürzmischung)

120 g geriebener Mozzarella

2 EL Petersilie, grob gehackt

Außerdem

Olivenöl zum Braten

1. Den Teig wie auf *Seite 11* beschrieben zubereiten und ge-hen lassen. Den Sugo zubereiten. Die Aubergine waschen, putzen und in etwa 1,5 cm große Würfel schneiden. Papri-kaschoten halbieren, putzen, waschen und quer in schmale Streifen schneiden. Knoblauch schälen und fein würfeln. Frühlingszwiebeln waschen, putzen und mit dem Grün in Ringe schneiden.

2. Reichlich Öl in einer beschichteten Pfanne erhitzen, erst die Auberginen und die Hälfte Knoblauch darin unter Rühren hellbraun braten, salzen, pfeffern und herausnehmen. Dann eventuell etwas Öl in die Pfanne geben, Paprikaschoten und restlichen Knoblauch darin unter Rühren 2–3 Minu-ten anbraten, salzen, pfeffern und herausnehmen.

3. Den Backofen auf 250 °C Ober-/Unterhitze (Umluft 220 °C) vorheizen. Ein Backblech mit Backpapier auslegen. Mer-guez längs aufschlitzen, das Wurstbrät aus der Pelle lösen und in kleine Stücke zupfen. Den Pizzateig zu zwei lan-gen, dünnen Fladen ausrollen und auf das Blech legen.

4. Tomatensugo mit Ras-el-Hanout und der Hälfte Früh-lingszwiebeln mischen und auf den Fladen verteilen. Mit Mozzarella bestreuen, Wurststückchen, Aubergine und Paprika darauf verteilen, mit übrigen Frühlings-zwiebeln bestreuen. Die Pizzas im Ofen (mittlere Schiene) in 10–12 Minuten knusprig braun backen, anschließend mit Petersilie bestreuen und servieren.

TANDOORI-**PIZZA**

WÜRZIG

Für 2 Personen

1 Portion Pizzateig
(siehe S. 10)

1 Portion Tomatensugo
(siehe S. 14)

10 g frischer Ingwer

¼ TL gemahlene Kurkuma

1 gelbe Paprikaschote

½ Bund Koriandergrün

1 Knoblauchzehe

150 g Joghurt

1–2 EL Limettensaft

Salz, Pfeffer

½ TL gemahlener
Kreuzkümmel

200 g Hähnchenbrustfilet

2 EL Tandoori-Gewürzpulver

2–3 EL Bratöl

1. Den Teig wie auf Seite 10 beschrieben zubereiten und gehen lassen. Den Sugo zubereiten. Ingwer schälen und fein hacken. Mit Kurkuma unter den Sugo mischen und 5–10 Minuten mitgaren, dann den Sugo mindestens lauwarm abkühlen lassen.

2. Die Paprikaschote vierteln, putzen, waschen und quer in dünne Streifen schneiden. Koriandergrün waschen und trocken schütteln, die Blättchen abzupfen und grob hacken. Knoblauch schälen und fein hacken. Mit zwei Dritteln von dem Koriandergrün, 1 Esslöffel Joghurt und Limettensaft pürieren. Das Püree mit übrigem Joghurt mischen, mit Salz, Pfeffer und Kreuzkümmel würzen.

3. Den Backofen auf 250 °C Ober-/Unterhitze (Umluft 220 °C) vorheizen. Ein Backblech mit Backpapier auslegen. Den Pizzateig zu zwei langen, dünnen Fladen ausrollen und auf das Blech legen. Die Fladen mit Sugo bestreichen. Mit Paprika und Koriandergrün bestreuen, dabei etwas Koriandergrün beiseitelegen. Im Ofen (mittlere Schiene) in 10–12 Minuten knusprig braun backen.

4. Das Fleisch in zwei flache Stücke schneiden, diese rundum in Tandoori-Gewürzpulver wenden und das Gewürz andrücken, dann salzen. Öl in einer beschichteten Pfanne erhitzen, das Hähnchenfleisch darin bei mittlerer Hitze rundum 5–6 Minuten braten, vom Herd nehmen und in der Pfanne ruhen lassen, eventuell warm halten.

5. Kurz vor Ende der Backzeit das Hähnchenfleisch quer in schmale Streifen schneiden. Die fertigen Pizzas damit belegen und mit übrigem Koriandergrün bestreuen. Den Würzjoghurt darüberträufeln oder dazu reichen.

THAI-PIZZA MIT HUHN

EXOTISCH

Für 2 Personen

1 Portion Pizzateig
(siehe S. 10)

½ Portion Tomatensugo
(siehe S. 14)

1 kleine Knoblauchzehe

10 g frischen Ingwer

2 ½ EL Erdnussmus

1 TL Honig (wahlweise
Ahornsirup)

2½ EL Sojasoße

1 TL Chilisoße (z. B. Sriracha)

4 EL Limettensaft

Salz, Pfeffer

200 g gegartes Hähnchen-
fleisch *(siehe Tipp S. 105)*

2 Frühlingszwiebeln

1 dicke Möhre

1 Stange Staudensellerie

80 g Sojasprossen

80 g geriebener Mozzarella

3 EL Koriandergrün,
frisch gehackt

Limettenachtel
(nach Belieben)

1. Den Teig wie auf *Seite 10* beschrieben zubereiten und gehen lassen. Den Sugo erhitzen (ersatzweise 150 ml passierte Tomaten). Knoblauch und Ingwer schälen, fein hacken und unter den Sugo rühren. Alles offen bei mittlerer Hitze köcheln lassen, bis 7–8 Esslöffel übrig sind. Mit Erdnussmus, Honig, Sojasoße, Chilisoße und Limettensaft verrühren, eventuell mit Salz und Pfeffer abschmecken.

2. Das Hähnchenfleisch mit den Fingern oder zwei Gabeln fein zerzupfen oder mit einem Messer zerschneiden und mit 2–3 Esslöffeln Soße mischen. Frühlingszwiebeln waschen und putzen, den weißen und grünen Teil getrennt in feine Ringe schneiden. Möhre schälen und in feine Stifte (Julienne) hobeln. Staudensellerie waschen, putzen, längs in feine Streifen und diese in feine Würfel schneiden. Sojasprossen in einem Sieb kalt abwaschen und abtropfen lassen.

3. Den Backofen auf 250 °C Ober-/Unterhitze (Umluft 220 °C) vorheizen. Ein Backblech mit Backpapier auslegen. Den Pizzateig zu zwei dünnen Fladen ausrollen und auf das Blech legen. Die Fladen mit Erdnuss-Tomatensoße bestreichen. Mit Mozzarella und der Hälfte Koriandergrün bestreuen. Hähnchenfleisch, Möhren, Sellerie, Sprossen und weiße Zwiebelringe darauf verteilen.

4. Die Pizzas im Ofen (mittlere Schiene) in 10–12 Minuten knusprig braun backen. Dann herausnehmen, mit grünen Zwiebelringen und übrigem Koriandergrün bestreuen. Wer will, serviert die Pizza mit Limettenachteln zum Beträufeln.

GYROS-PIZZA

WÜRZIG

Für 2 Personen

1 Portion Pizzateig mit Joghurt
(siehe S. 11)

1 Portion Tomatensugo
(siehe S. 14)

1 Zucchino

2 türkische Spitzpaprika

2 Knoblauchzehen

1 rote Zwiebel

Salz, Pfeffer

150 g Schweineschnitzel

1–2 TL Gyrosgewürz

2 EL Olivenöl

150 g Joghurt

¼ TL gemahlener
Kreuzkümmel

100 g geriebener Mozzarella

5–6 mittelscharfe eingelegte
Peperonischoten

Außerdem
Olivenöl zum Braten

1. Den Teig wie auf *Seite 11* beschrieben zubereiten und gehen lassen. Sugo zubereiten. Zucchino waschen, putzen und 1 cm groß würfeln. Spitzpaprika halbieren, putzen, waschen und in 1 cm große Stücke schneiden. Knoblauch und Zwiebel schälen. Knoblauch fein hacken, Zwiebel in feine Ringe schneiden.

2. In einer beschichteten Pfanne 2–3 Esslöffel Olivenöl erhitzen, Zucchini und ein Drittel Knoblauch darin unter Rühren goldbraun braten, salzen, pfeffern und herausnehmen. Etwas Öl in die Pfanne geben, Paprika und ein Drittel Knoblauch darin unter Rühren 3–4 Minuten braten, salzen, pfeffern und herausnehmen.

3. Schnitzel klein schnetzeln, mit Gyrosgewürz, übrigem Knoblauch und 2 Esslöffeln Olivenöl mischen und kühl stellen. Joghurt mit Kreuzkümmel verrühren, salzen, pfeffern und kühl stellen.

4. Ofen auf 250 °C Ober-/Unterhitze (Umluft 220 °C) vorheizen. Den Teig zu zwei dünnen länglichen Fladen ausrollen, auf ein mit Backpapier belegtes Blech legen und mit Sugo bestreichen. Mit Mozzarella bestreuen. Paprika und Zucchini, Zwiebelringe und abgetropfte Peperonischoten darauf verteilen. Im Ofen (mittlere Schiene) 10–12 Minuten backen.

5. Wenig Öl in einer beschichteten Pfanne erhitzen, das Fleisch samt Marinade darin bei mittlerer bis großer Hitze in 4–5 Minuten braun anbraten, vom Herd nehmen und ruhen lassen. Etwa 5 Minuten vor Backzeitende Fleisch und Bratöl auf den Pizzas verteilen. Pizzas fertig backen, dann herausnehmen. Joghurt darüberträufeln oder dazu reichen.

PIZZA MIT KÜRBIS & SPECK

DEFTIG

Für 2 Personen

1 Portion Pizzateig
(siehe S. 10)

1 Portion Tomatensugo
(siehe S. 14)

450 g Hokkaidokürbis
(geputzt ca. 380 g)

1 Knoblauchzehe

3 EL Olivenöl

Salz, Pfeffer

120 g Provolone
(wahlweise Bergkäse)

100 g Räucherspeck

3–4 Stängel Salbei

1. Den Teig wie auf *Seite 10* beschrieben zubereiten und gehen lassen. Den Sugo zubereiten. Den Backofen auf 220 °C Ober-/Unterhitze (Umluft 200 °C) vorheizen.

2. Den Kürbis nach Wunsch schälen, Kerne und Fasern entfernen und das Fruchtfleisch etwa 1,5 cm groß würfeln. Knoblauch schälen und in Scheiben schneiden. Kürbis, Knoblauch und Olivenöl in einer ofenfesten Form mischen, salzen und pfeffern. Im Ofen (mittlere Schiene) 20–25 Minuten garen. Kürbis herausnehmen und abkühlen lassen.

3. Den Käse eventuell entrinden und grob raspeln. Den Speck in schmale Streifen schneiden. Den Salbei waschen und trocken schütteln, die Blätter abzupfen und in breite Streifen schneiden.

4. Den Backofen auf 250 °C Ober-/Unterhitze (Umluft 220 °C) vorheizen. Ein Backblech mit Backpapier auslegen. Den Pizzateig zu zwei runden Fladen ausrollen und auf das Blech legen. Die Fladen mit Tomatensugo bestreichen und mit Käse bestreuen. Kürbiswürfel und Speck darauf verteilen und alles mit Salbei bestreuen. Die Pizzas im Ofen (mittlere Schiene) in 10–12 Minuten knusprig braun backen.

ZUCCHINI-LACHS-**PIZZA**

OHNE TOMATEN

Für 2 Personen

1 Portion Pizzateig
(siehe S. 10)

150 g Crème fraîche

50 g saure Sahne

½ Bund Dill

Schale von 1 unbe-
handelten Zitrone

Salz, Pfeffer

2 kleine Zucchini
(à ca. 150 g)

2–3 EL Olivenöl
zum Beträufeln

120 g Räucherlachs
in Scheiben

Außerdem

Zitronenachtel
zum Beträufeln

1. Den Teig wie auf *Seite 10* beschrieben zubereiten und gehen lassen. Inzwischen Crème fraîche und saure Sahne verrühren. Den Dill waschen, trocken schütteln und die Spitzen abzupfen. 1 Esslöffel davon abnehmen, den Rest fein hacken und mit der Crème fraîche und Zitronenschale verrühren. Die Mischung kräftig mit Salz und Pfeffer würzen.

2. Die Zucchini waschen, putzen und auf dem Gemüsehobel in feine Scheiben hobeln. Den Backofen auf 250 °C Ober-/ Unterhitze (Umluft 220 °C) vorheizen. Ein Backblech mit Backpapier auslegen.

3. Den Pizzateig zu zwei länglichen dünnen Fladen ausrollen und auf das Blech legen. Die Fladen mit der Crème-fraîche-Mischung bestreichen. Die Zucchinischeiben darauf ziegelförmig überlappend, von außen kreisförmig beginnend nach innen zur Mitte hin über die ganze Pizza auslegen. Alles leicht salzen und pfeffern und mit Olivenöl beträufeln.

4. Die Pizzas im Ofen (mittlere Schiene) in 10–12 Minuten knusprig braun backen. Herausnehmen und kurz abkühlen lassen. Inzwischen die Lachsscheiben kleiner zupfen. Den Lachs auf den Pizzas verteilen und mit den übrigen Dillspitzen bestreuen. Mit Zitronenachteln zum Beträufeln servieren.

BARBECUE-**PIZZA**

Für 2 Personen

1 Portion Pizzateig
(siehe S. 10)

1 Portion Tomatensugo
(siehe S. 14)

200 g gegartes Hähnchen-
fleisch *(siehe Tipp)*

3 EL BBQ-Soße (möglichst
smoked flavour)

1 kleine Dose Mais
(ca. 140 g Abtropfgewicht)

1 rote Zwiebel

1 rote Spitzpaprika

3 EL Koriandergrün,
frisch gehackt

100 g geriebener Mozzarella

1. Den Teig wie auf *Seite 10* beschrieben zubereiten und gehen lassen. Den Sugo zubereiten. Das Hähnchenfleisch mit
den Fingern oder zwei Gabeln in kleine Stückchen zerzupfen oder schneiden und mit der Barbecue-Soße mischen.

2. Den Mais in ein Sieb abgießen, kalt abspülen und abtropfen lassen. Die Zwiebel schälen und längs in feine Streifen
schneiden und mit dem Mais unter das Hähnchenfleisch
mischen. Die Spitzpaprika halbieren, putzen und in kleine
Würfel schneiden. Den Tomatensugo mit der Hälfte Koriandergrün mischen.

3. Den Backofen auf 250 °C Ober-/Unterhitze (Umluft 220 °C)
vorheizen. Ein Backblech mit Backpapier auslegen. Den
Pizzateig zu zwei länglichen dünnen Fladen ausrollen und
auf das Blech legen. Die Fladen mit Tomatensugo bestreichen und mit Mozzarella bestreuen. Die Hähnchenfleisch-
Mais-Mischung darauf verteilen und die Paprikawürfel
darüberstreuen.

4. Die Pizzas im Ofen (mittlere Schiene) in 10–12 Minuten
knusprig braun backen. Dann herausnehmen und die
Pizzas mit übrigem Koriandergrün bestreuen.

TIPP!

Wer es einfach liebt, nimmt Reste von einem Brathähnchen
oder kauft ein fertiges (halbes) Grillhähnchen; ansonsten
das Hähnchenfleisch in 400 ml Hühnerbrühe bei niedriger
Hitze ca. 15 Minuten gar ziehen lassen. Die Brühe kann
man als Suppengrundlage verwenden oder einfrieren.

PIZZA MIT GRILLPAPRIKA

GLUTENFREI

Für 2 Personen

1 Portion Tomatensugo
(siehe S. 14)

2 rote Paprikaschoten
(siehe Tipp)

1 Portion Süßkartoffel-Pizzateig
(siehe S. 26)

80 g in Öl eingelegte kleine
schwarze Oliven

120 g geriebener Mozzarella

80 g scharfe Paprikasalami
in Scheiben

1. Den Sugo zubereiten. Den Backofengrill auf 250 °C Ober-/ Unterhitze (Umluft nicht empfehlenswert) vorheizen. Ein Backblech mit Backpapier auslegen. Die Paprikaschoten längs vierteln, putzen und waschen. Die Viertel mit der Hautseite nach oben nebeneinander auf das Blech legen.

2. Die Paprikaschoten im Ofen (obere Schiene) 25–30 Minuten grillen, bis die Haut schwarze Blasen wirft. Herausnehmen, mit einem feuchten Geschirrtuch abdecken und leicht abkühlen lassen. Anschließend mit einem spitzen Messer die Haut abziehen und die Viertel längs in dicke Streifen schneiden.

3. Den Backofen auf 200 °C Ober-/Unterhitze vorheizen. Süßkartoffel-Pizzateig, wie auf *Seite 26* beschrieben, zubereiten und in zwei Formen vorbacken. Die Oliven abtropfen lassen. Die vorgebackenen Teigfladen mit Tomatensugo bestreichen und mit Mozzarella bestreuen. Salami, Paprika und Oliven darauf verteilen. Die Pizzas im Ofen (mittlere Schiene) in 12–15 Minuten knusprig braun backen.

TIPP!

Damit sich das Ofenanheizen lohnt, gleich mehr Paprikaschoten grillen. Die übrigen Paprikastreifen in ein verschließbares Glas schichten und mit Olivenöl begießen – ein perfektes Antipastigemüse, das sich so mehrere Tage im Kühlschrank hält. Und wenn mal keine Zeit ist: einfach fertige, in Öl eingelegte gegrillte Paprikaschoten aus dem Glas nehmen. Die Pizza schmeckt natürlich auch mit normalem Pizzateig *(siehe S. 10)*.

PIZZA MIT ROSENKOHL

WÜRZIG – DEFTIG

1. Den Teig wie auf *Seite 10* beschrieben zubereiten und gehen lassen. Den Sugo zubereiten. Inzwischen den Rosenkohl waschen und putzen, von oben nach unten zum Strunk hin in feine Scheiben schneiden. Mit 1 guten Prise Salz und dem Zitronensaft kräftig mit den Händen durchkneten, bis der Rosenkohl weich und biegsam ist. Mit Olivenöl mischen und pfeffern.

2. Den Käse in kleine Stücke schneiden und den Schinken klein würfeln. Den Backofen auf 250 °C Ober-/Unterhitze (Umluft 220 °C) vorheizen. Ein Backblech mit Backpapier auslegen. Den Pizzateig zu zwei dünnen runden Fladen ausrollen und auf das Blech legen. Die Fladen mit Tomatensugo bestreichen. Rosenkohl, Käse und Schinken vorsichtig mischen und auf den Pizzas verteilen. Im Ofen (mittlere Schiene) in 10–12 Minuten knusprig braun backen. Etwa 3 Minuten vor Backzeitende die Haselnussblättchen darüberstreuen.

TIPP!

Anstelle des sehr geschmacksintensiven Blauschimmelkäses kann man auch 120 g grob geriebenen Bergkäse verwenden und dann anstelle des Schinkens klein gewürfelten Räucherspeck (davon ruhig auch mal 100 g) oder aus dem Darm gedrückte, in Stücke gezupfte Bratwürste (z. B. Thüringer oder Nürnberger Rostbratwürste, ca. 180 g).

ENDIVIEN-SPECK-PIZZA

DEFTIG

Für 2 Personen

1 Portion Pizzateig
(siehe S. 10)

1 Portion Tomatensugo
(siehe S. 14)

200 g geräucherter Speck

1 EL Olivenöl

1 weiße Zwiebel

300 g Endiviensalat

4 EL Walnusskerne

80 g Parmesan

1. Den Teig wie auf *Seite 10* beschrieben zubereiten und gehen lassen. Den Sugo zubereiten. Inzwischen den Speck in schmale, kleine Streifen schneiden. Die Speckstreifen in einer kleinen beschichteten Pfanne mit dem Olivenöl erhitzen und braten, bis sie gebräunt sind. Den Speck aus der Pfanne fischen, dabei so viel Bratöl wie möglich in der Pfanne lassen.

2. Die Zwiebel schälen und in dünne Ringe schneiden. Den Endiviensalat in einzelne Blätter teilen. Die Blätter waschen und quer in etwa 2 cm breite Streifen schneiden. Die Walnusskerne grob hacken.

3. Den Backofen auf 250 °C Ober-/Unterhitze (Umluft 220 °C) vorheizen. Ein Backblech mit Backpapier auslegen. Den Pizzateig zu zwei dünnen runden Fladen ausrollen und auf das Blech legen. Die Fladen mit Tomatensugo bestreichen. Speck und Zwiebelringe darauf verteilen. Im Ofen (mittlere Schiene) in 7–8 Minuten backen.

4. Inzwischen den Endiviensalat in der Pfanne im Speckbratfett wenden (eventuell das Fett vorher kurz erhitzen) und die Walnüsse untermischen. Die Pizzas herausnehmen und den Endiviensalat samt Walnüssen darauf verteilen. Die Pizzas in weiteren 4–6 Minuten knusprig braun backen.

5. Den Parmesan mit dem Sparschäler in dünne Streifen hobeln. Die Pizzas herausnehmen, kurz auskühlen lassen, mit Parmesan bestreuen und servieren.

KRAUTWICKEL-**PIZZA**

Für 2 Personen

1 Portion Tomatensugo
(siehe S. 14)

200 g Wirsing

1 Zwiebel

3 EL Olivenöl

Salz, Pfeffer

125 ml Gemüsebrühe

1 ½ EL Kapern

2 rohe grobe Bratwürste
(ca. 150 g; wahlweise
italienische Salsicce)

100 g geriebener Mozzarella
(wahlweise Emmentaler)

1 Portion Grünkohl-Pizzateig
(siehe S. 25)

1. Den Sugo zubereiten. Den Wirsing waschen, putzen und in etwa 1,5 cm breite, nicht zu lange Streifen schneiden. Die Zwiebel schälen und klein würfeln. Das Olivenöl in einer beschichteten Pfanne erhitzen, erst die Zwiebel darin goldbraun anbraten, dann den Wirsing zugeben und unter Rühren 1–2 Minuten mit anbraten. Alles salzen, pfeffern und mit Gemüsebrühe ablöschen. Den Wirsing offen bei mittlerer Hitze unter gelegentlichem Umrühren 10–12 Minuten garen, dabei sollte die Flüssigkeit vollständig verdampfen. Danach abkühlen lassen.

2. Die Kapern abtropfen lassen. Die Pelle der Bratwürste längs aufschlitzen, das Brät aus der Hülle quetschen und in kleine Stücke zupfen. Kapern und Käse mit dem Wirsing mischen.

3. Den Grünkohl-Pizzateig, wie auf *Seite 25* beschrieben, zubereiten und im Backofen bei 200 °C Ober-/Unterhitze (Umluft 180 °C) vorbacken. Die vorgebackenen Fladen herausnehmen, mit dem Tomatensugo bestreichen und mit der Wirsing-Käse-Mischung bestreuen. Die Bratwurststücke darauf verteilen.

4. Währenddessen die Backofentemperatur auf 250 °C (Umluft 220 °C) erhöhen. Die belegten Pizzafladen dann im Ofen (mittlere Schiene) in 10–12 Minuten knusprig braun backen.

TIPP!

Der Belag schmeckt auch auf einem normalen Pizzateig *(siehe S. 10)*.

05

NEU
IN FORM

Die Erde ist keine Scheibe und genauso wenig muss eine Pizza immer rund sein. Trendsetter genießen heute Pizzawaffeln, wild gezwirbelte Pizzasonnen oder nach dem Zufallsprinzip zusammengewürfelte Teigbällchen als Monkey-Pizza-Bread. Hier heißt es also kneten, formen, basteln und staunen.

BELGISCHE PIZZAWAFFELN

KLEINER SNACK

Für 2 Personen

1 Portion Pizzateig
(siehe S. 10)

1 Portion Tomatensugo
(siehe S. 14)

1 Kugel Mozzarella (125 g)

2–3 Stängel Basilikum

3–4 Scheiben Salami

Außerdem

1 runder Ausstecher
(Ø 12–14 cm)

1. Den Teig wie auf *Seite 10* beschrieben zubereiten und gehen lassen. Den Sugo zubereiten. Anschließend den Teig etwa 5 mm dick ausrollen und mit einem runden Ausstecher (geht auch mit einer ähnlich großen Schüssel oder einem Glas mit dünnem Rand) 6–8 Kreise ausstechen – dazu den Restteig eventuell noch mal verkneten und ausrollen.

2. Den Mozzarella trocken tupfen und in 3–4 große, dicke Scheiben schneiden. Das Basilikum waschen und trocken schütteln, die Blättchen abzupfen und grob zerschneiden. 3 Teigkreise jeweils mit 2 Esslöffeln Tomatensugo bestreichen, dabei einen 1 cm breiten Rand freilassen. Darauf jeweils 1 Salamischeibe und 1 Scheibe Mozzarella stapeln und mit etwas Basilikum bestreuen. Den Rand mit wenig Wasser bepinseln und jeweils einen zweiten unbelegten Teigkreis auflegen und am Rand fest zusammendrücken.

3. Das Waffeleisen (für Belgische Waffeln) heiß werden lassen. Jeweils eine Pizzawaffel einlegen und in 3–4 Minuten knusprig backen. So nacheinander alle Waffeln backen.

TIPP!

Falls noch Tomatensugo übrig ist, diesen einfach warm machen oder warm halten und zu den Waffeln zum Eindippen servieren.

PIZZASONNE

Für 4–6 Personen

2 Portionen Pizzateig
(siehe S. 10)

2 Portionen Tomatensugo
(siehe S. 14)

1 Glas in Öl eingelegte
(halb-)getrocknete Tomaten
(ca. 200 g Füllgewicht)

¾ TL getrockneter Oregano

80 g schwarze Oliven
(ohne Stein)

200 g geriebener Mozzarella

1. Den Teig wie auf *Seite 10* beschrieben zubereiten und gehen lassen. Den Sugo zubereiten. Die getrockneten Tomaten in ein Sieb abgießen, dabei das Einlegeöl auffangen. Die Tomaten grob zerschneiden, mit Oregano und 2 Esslöffeln Einlegeöl zum Sugo geben und alles fein pürieren. Oliven klein hacken.

2. Ein Backblech mit Backpapier auslegen. Den Pizzateig in drei gleich große oder gleich schwere Stücke teilen. Die Teigstücke jeweils einmal kurz durchkneten, dann jeweils zu 3 gleich großen Kreisen ausrollen. Einen Teigkreis auf das Blech legen und mit der Hälfte des Tomatensugos bestreichen, danach mit der Hälfte Oliven und der Hälfte Käse bestreuen. Den zweiten Boden auflegen, mit restlicher Soße bestreichen und mit übrigen Oliven und Käse bestreuen. Den dritten Teigkreis obenauf legen.

3. Ein Glas (oder die sauber ausgewaschene Tomatendose) in der Mitte des gestapelten Teigkreises leicht eindrücken. Die Teigkreise von dort aus in 16 gleich große „Tortenstücke" schneiden. Jeweils zwei aneinanderliegende „Tortenstücke" jeweils zweimal nach außen drehen, die Enden dabei schön flach legen und leicht andrücken. Das Glas (oder die Dose) entfernen und die Pizzasonne 15 Minuten gehen lassen.

4. Inzwischen den Backofen auf 180 °C Ober-/Unterhitze (Umluft 160 °C) vorheizen. Die Pizzasonne im Ofen (mittlere Schiene) in 25–30 Minuten goldbraun backen. Herausnehmen und warm oder auch mal kalt servieren.

CALZONE MIT PEPERONATA

Für 2 Personen

1 Portion Pizzateig
(siehe S. 10)

1 kleine Aubergine

1 rote Paprikaschote

1 Stange Staudensellerie

1 Zwiebel

1 Knoblauchzehe

Salz, Pfeffer

100 g stückige Tomaten
(Tetrapak)

1 TL Kapern

7 grüne Oliven (ohne Stein)

2 EL Weißweinessig

Zucker

2 EL Petersilie, frisch gehackt

100 g geriebener Mozzarella

Außerdem

Olivenöl zum Braten

1 Ei

2 EL Milch

1. Den Teig wie auf *Seite 10* beschrieben zubereiten und gehen lassen. Aubergine waschen, putzen und in etwa 1,5 cm große Würfel schneiden. Paprikaschote halbieren, putzen, waschen und ebenfalls etwa 1,5 cm groß würfeln. Selleriestange waschen, putzen, längs halbieren und die Hälften klein würfeln. Zwiebel schälen und grob würfeln. Knoblauch schälen und fein würfeln.

2. Reichlich Öl in einem beschichteten Topf erhitzen, Aubergine und die Hälfte Knoblauch darin leicht braun braten, salzen, pfeffern und herausnehmen. Eventuell noch etwas Öl in den Topf geben, Zwiebel und übrigen Knoblauch darin andünsten. Paprika und Sellerie zugeben und kurz mitdünsten. Tomaten zufügen, salzen, pfeffern und zugedeckt bei mittlerer Hitze 10 Minuten garen.

3. Kapern grob hacken. Oliven in Scheiben schneiden. Beides mit den Auberginen zum Gemüse geben, mit Essig und 2–3 Prisen Zucker würzen. Offen 15 Minuten garen, dabei ab und zu umrühren. Mit Salz und Pfeffer abschmecken und die Petersilie untermischen und das Gemüse abkühlen lassen.

4. Den Backofen auf 250 °C Ober-/Unterhitze (Umluft 220 °C) vorheizen. Ein Backblech mit Backpapier auslegen. Den Pizzateig zu zwei Fladen (ca. Ø 30 cm) ausrollen. Das Ei trennen. Die Gemüsemasse mit dem Mozzarella mischen und auf jeweils einer Hälfte der Teigfladen verteilen, diese Hälfte rundum mit Eiweiß bepinseln und die andere Teighälfte darüberschlagen. Den Teig fest andrücken und einen Rand formen.

5. Die Teigtaschen auf das Blech legen. Das Eigelb mit Milch verquirlen und die Fladen damit bestreichen. Im Ofen (mittlere Schiene) 12–15 Minuten backen.

TORTANO MIT SPINAT

Für 6–8 Personen

2 Portionen Pizzateig
(siehe S. 10)

400 g frischer Spinat (wahlweise 150 g TK-Blattspinat)

1 Bund Petersilie

1 Zwiebel

1 Knoblauchzehe

3 EL Olivenöl

180 g Ricotta

1 Ei (Größe M)

1 TL gekörnte Brühe
(Instantpulver)

⅓ TL getrockneter Oregano

Salz, Pfeffer

frisch geriebene Muskatnuss

3 EL Parmesan, frisch gerieben

150 g geriebener Mozzarella

1. Den Teig wie auf *Seite 10* beschrieben zubereiten und gehen lassen. Spinat verlesen, waschen und tropfnass in einen heißen Topf geben, unter Rühren bei großer Hitze zusammenfallen lassen. In einem Sieb kalt abbrausen und abkühlen lassen, dann ausdrücken und fein hacken.

2. Petersilie waschen, trocken schütteln und mit Stängeln grob hacken (die Stängel feiner hacken). Zwiebel und Knoblauch schälen und fein hacken. 1 Esslöffel Öl in einer kleinen beschichteten Pfanne erhitzen, Zwiebel und Knoblauch darin goldbraun dünsten. Mit Petersilie zum Spinat geben. Ricotta, Ei, gekörnte Brühe und Oregano zugeben und alles verrühren, kräftig mit Salz, Pfeffer und Muskat würzen. Parmesan und die Hälfte Mozzarella unterrühren.

3. Den Teig kurz kneten und auf Backpapier zu einem Recht-eck (etwa 50 x 35 cm) ausrollen. Spinat-Ricotta-Masse längs auf dem unteren Drittel des Teiges verteilen und mit übrigem Mozzarella bestreuen.

4. Den oberen Rand (etwa 3 cm) des Rechtecks mit Wasser bepinseln. Den Teig von unten mit der Füllung nach oben aufrollen, an der befeuchteten Naht festdrücken. Die Rolle so weiterrollen, dass die Naht unten liegt, dabei zu einem Ring formen. Die Enden zusammendrücken. Den Ring 15 Minuten an einem warmen Ort gehen lassen, mit üb-rigem Öl bepinseln. Ofen samt Backblech auf 250 °C vor-heizen, dabei eine ofenfeste Form mit Wasser auf das Blech stellen.

5. Schale herausnehmen. Pizzaring samt Backpapier auf das heiße Blech ziehen und den Ofen sofort schließen. Den Kranz darin bei 200 °C 30–35 Minuten backen. Herausnehmen und kurz abkühlen lassen.

STROMBOLI MIT SCHINKEN

Für 2 Personen

1 Portion Pizzateig
(siehe S. 10)

1 Portion Tomatensugo
(siehe S. 14)

4 Scheiben gekochter
Schinken

1 Kugel Mozzarella (125 g)

50 g scharfe Salami
in Scheiben

120 g geriebener Mozzarella

3 EL Petersilie, frisch gehackt

2–3 EL Olivenöl

1. Den Teig wie auf *Seite 10* beschrieben zubereiten und gehen lassen. Den Sugo zubereiten. Den Teig halbieren und jeweils dünn quadratisch (etwa 27 x 27 cm) ausrollen. Schinkenscheiben eventuell halbieren und im unteren Drittel des Teiges in einer Reihe flach auflegen, dabei unten 1 cm und an beiden Seiten jeweils etwa 2 cm freilassen. Jeweils 2–3 Esslöffel Sugo auf dem Schinken verteilen.

2. Mozzarella trocken tupfen, in dünne Scheiben schneiden und längs auf dem Sugo verteilen. Eine Lage Salami darauflegen und mit 2–3 Esslöffeln Sugo bestreichen, dick mit Käse und Petersilie bestreuen.

3. Den Backofen auf 270 °C Ober-/Unterhitze vorheizen. Den Teig von unten her fassen und samt Füllung nach oben schlagen, dabei den Teig möglichst dünn ziehen, dabei darauf achten, dass die Füllung fest eingepackt ist. Die entstandene Rolle samt Füllung nach oben schlagen. Das obere noch freie Teigdrittel mit den Händen etwas länger ziehen und nach unten über die Teigrolle schlagen und leicht andrücken.

4. Die offenen Enden an beiden Seiten zusammendrücken, die Rollen wenden und mit der Naht nach unten auf ein mit Backpapier ausgelegtes Blech legen. Mit einem scharfen Messer (oder dem Pizzaschneider) mehrmals kleine Querschnitte über die gesamte Länge der Teigrolle oben einschneiden. Im Ofen (mittlere Schiene) in 15–17 Minuten braun und knusprig backen, dabei nach der Hälfte der Zeit mit etwas Olivenöl bepinseln.

AMERICAN PIZZA

MIT KÄSERAND

Für 2–4 Personen

1 Portion Pizzateig
(siehe S. 10)

1 Portion Tomatensugo
(siehe S. 14)

1 grüne Paprikaschote

1 EL Olivenöl

3 EL BBQ-Soße (möglichst
smoked flavour)

1 kleine Dose Mais
(140 g Abtropfgewicht)

1 kleine rote Zwiebel

150 g scharfe dünne Salami
(wahlweise Kabanossi)

6 mittelscharfe eingelegte
Peperoni

2 Rollen Maxi-Mozzarella
(à 200 g)

Außerdem
1 Eiweiß

1. Den Teig wie auf *Seite 10* beschrieben zubereiten und gehen lassen. Den Sugo zubereiten. Paprikaschote halbieren, putzen, waschen und in 1 cm große Würfel schneiden. Olivenöl in einer Pfanne erhitzen, die Paprikawürfel darin unter Rühren 2–3 Minuten andünsten. Tomatensugo, 3 Esslöffel Wasser und BBQ-Soße unterrühren und offen bei mittlerer Hitze in 3–5 Minuten sämig einkochen lassen, dann etwas abkühlen lassen.

2. Mais in ein Sieb abgießen und abtropfen lassen. Zwiebel schälen, längs halbieren und quer in dünne Streifen schneiden. Salami in dickere Scheiben schneiden. Peperoni nach Wunsch in Stücke schneiden. Mozzarella trocken tupfen. Von 1 Rolle etwa 120 g in Scheiben abschneiden, den Rest und die zweite Rolle längs in 4–5 dicke Streifen schneiden.

3. Den Teig auf Backpapier zu einem Kreis (Ø 38 cm) ausrollen. Die Mozzarellastreifen mit etwa 5 cm Abstand zum Rand kreisförmig auf dem Teig auslegen. Den Teig innen direkt am Käse etwa 2 cm breit mit Eiweiß bepinseln, dann den Teigrand von außen über den Käse nach innen schlagen und auf der bepinselten Linie gut andrücken (erst mit den Fingern, anschließend mit einer Gabel).

4. Den Backofen auf 250 °C Ober-/Unterhitze (Umluft 220 °C) vorheizen. Den Pizzaboden mit der Tomaten-Barbecue-Soße bestreichen. Übrige Mozzarellascheiben darauf verteilen, Mais, Zwiebel, Salami und Peperoni daraufgeben. Die Pizza im Ofen (mittlere Schiene) in 15–20 Minuten goldbraun backen. Herausnehmen und heiß servieren.

BIG-MAC-PIZZATORTE

Für 6–8 Personen

2 Portionen Pizzateig
(siehe S. 10)

2 Portionen Tomatensugo
(siehe S. 14)

2 Zwiebeln

2 Knoblauchzehen

100 g Frühstücksspeck
in dünnen Scheiben (Bacon)

1 kg mageres Rinderhackfleisch

Salz, Pfeffer

2 EL Tomatenmark

Chilipulver

Zucker

1 Dose stückige Tomaten
(400 g)

2 Fleischtomaten

4 Essiggurken (aus dem Glas)

200 g geriebener Mozzarella

200 g mittelalter Gouda
(wahlweise Cheddar-Käse),
frisch gerieben

Außerdem

Olivenöl zum Braten
und Einfetten

1. Teig wie auf *Seite 10* beschrieben zubereiten und gehen lassen. Sugo zubereiten. Zwiebeln und Knoblauch schälen und würfeln. Bacon in einer beschichteten Pfanne knusprig braten, auf Küchenpapier abtropfen lassen. Eventuell etwas Öl zum Bratfett geben, Zwiebeln und Knoblauch darin andünsten. Hackfleisch zugeben, unter Rühren bei großer Hitze braten, salzen, pfeffern. Tomatenmark, je 1–2 Prisen Chilipulver und Zucker unterrühren. Dosentomaten zugeben und alles offen bei mittlerer Hitze in 20–25 Minuten einkochen lassen.

2. Fleischtomaten waschen, halbieren, entkernen und klein würfeln. Essiggurken in Scheiben schneiden. Beide Käsesorten mischen. Bacon in Stücke brechen. Backofen auf 220 °C Ober-/Unterhitze (Umluft 200 °C) samt Backblech (mittlere Schiene) vorheizen. Teig in sechs gleich große Portionen teilen, vier davon auf jeweils einem leicht bemehlten Backpapier zu einem Kreis (Ø 25 cm) ausrollen und mehrmals mit einer Gabel einstechen. Nacheinander jeweils einen Teigkreis samt Papier auf das heiße Blech legen und 8–10 Minuten backen, herausnehmen und auf ein Kuchengitter geben.

3. Übrigen Teig verkneten, zu zwei 12 cm breiten und 40 cm langen Streifen ausrollen. Eine Springform (Ø 26 cm) mit Öl auspinseln. Die beiden Streifen so als Rand anbringen, dass sie überlappen, an den Nahtstellen andrücken.

4. Einen vorgebackenen Pizzaboden in die Form legen, mit einem Viertel Soße bestreichen. Je ein Viertel Tomaten, Gurken, Bacon und Käse daraufgeben. Übrige Böden genauso belegen und einschichten. Teigrand über die Füllung schlagen. Im Ofen (untere Schiene) 25–30 Minuten backen, nach 20 Minuten mit Backpapier abdecken. Torte herausnehmen, 10 Minuten auskühlen lassen, aus der Form lösen und anschneiden.

MONKEY-PIZZA-BROT

Für 4–6 Personen

2 Portionen Pizzateig
(siehe S. 10)
2 Knoblauchzehen
4 EL Olivenöl
1 ½ TL getrockneter Oregano
Salz, Pfeffer
2 Kugeln Mozzarella (à 125 g)
150 g geriebener Mozzarella

Außerdem
Olivenöl für die Form

1. Den Teig wie auf *Seite 10* beschrieben zubereiten und gehen lassen. Knoblauch schälen und zum Öl pressen, mit Oregano, ½ Teelöffel Salz und etwas Pfeffer verrühren, dann ziehen lassen.

2. Eine Kranzform mit Olivenöl auspinseln. Den Mozzarella trocken tupfen und jede Kugel in 12 gleich große Stücke schneiden. Den Teig durchkneten, zur Kugel formen und vierteln. Jedes Viertel in sechs gleich große Stücke teilen und zu Bällchen formen, platt drücken. Je 1 Stück Mozzarella drauflegen, den Teig darum zur Kugel formen und verschließen.

3. Die Bällchen zuerst im Knoblauch-Oregano-Öl, dann in 70 g geriebenem Mozzarella wenden. Die Bällchen sofort in die Form geben – eventuell mit etwas Abstand zueinander. Den Teig zugedeckt an einem warmen Ort 45 Minuten gehen lassen.

4. Den Backofen auf 180 °C Ober-/Unterhitze vorheizen. Die Teigbällchen im Ofen (mittlere Schiene) in 40–45 Minuten goldbraun backen. 12–15 Minuten vor dem Backzeitende mit dem übrigen geriebenen Mozzarella bestreuen und fertig backen. Die Form aus dem Ofen nehmen, das Monkeybread etwa 15 Minuten abkühlen lassen, dann auf ein Kuchengitter stürzen, wenden und warm servieren.

TIPP!

Wer möchte, serviert Tomatensugo zum Dippen zu den Bällchen. Dafür 1 Portion Sugo von *Seite 14* zubereiten, aber nur 25–30 Minuten einkochen lassen. Eventuell noch einige fein geschnittene Basilikumblättchen unterrühren.

PIZZA-ZUPFBROT MIT SALAMI

Für 4–6 Personen

1 Portion Pizzateig
(mit 20 g Hefe oder 1 Päckchen
Trockenhefe gemacht)

1 TL getrockneter Oregano
(nach Belieben)

150 g Tomatensugo
(siehe S. 14)

2 EL Olivenöl

1 TL

120 g geriebener
Emmentaler Käse

250 g scharfe (Paprika-)
Salami in Scheiben

Außerdem

Olivenöl oder Butter
für die Form

1. Den Teig wie auf *Seite 10* beschrieben zubereiten, dafür allerdings 20 g Hefe oder 1 Päckchen Trockenhefe verwenden und nach Belieben Oregano unter das Mehl mischen. Den Teig zur Kugel formen, in eine bemehlte Schüssel legen und zugedeckt an einem warmen Ort 1 Stunde gehen lassen, bis sich der Teig verdoppelt hat. Den Sugo zubereiten.

2. Eine Kastenform (30 cm Länge) mit etwas Öl oder Butter einfetten. Den Teig knapp 1 cm dick rechteckig ausrollen und gleichmäßig mit dem Sugo bestreichen. Den Käse gleichmäßig darüberstreuen. Den belegten Teig in gleich große Quadrate (etwas kleiner als die Form) schneiden. Auf jedes Quadrat 1 Scheibe Salami legen.

3. Jeweils 4–5 Teigquadrate zu einem kleinen Stapel aufeinanderlegen. Die Stapel aufrecht nebeneinander in die Form setzen – dabei darf zwischen den Teigquadraten etwas Platz sein, der Teig geht noch kräftig auf. Den Teig zugedeckt an einem warmen Ort 30 Minuten gehen lassen.

4. Den Backofen auf 180 °C Ober-/Unterhitze (Umluft 160 °C) vorheizen. Den Teig (mittlere Schiene) in 30–35 Minuten goldbraun und knusprig backen. Das Zupfbrot herausnehmen und auf einem Kuchengitter leicht abkühlen lassen. Dann aus der Form stürzen, etwas abkühlen lassen und servieren. Es schmeckt lauwarm am besten.

TIPP!

Wer will, legt anstelle der Salami Ofenpaprikastücke *(siehe S. 107*, oder gekaufte in Öl eingelegte Paprika) auf die Teigquadrate.

FOCACCIA MULTICOLORE

Für 6–12 Personen

400 g Mehl

20 g frische Hefe (ca. ½ Würfel)

1 TL Honig (wahlweise Zucker)

6 EL Olivenöl

Salz

1 Zweig Rosmarin

2 kleine rote Zwiebeln

80 g in Öl eingelegte marinierte
Artischockenherzen

je 25 g grüne und schwarze
Oliven (ohne Stein)

50 g fingerdicke Mini-Salami
am Stück

70 g in Öl eingelegte
(halb-)getrocknete Tomaten

Außerdem

grobes Meersalz

1. Mehl in eine Schüssel geben und eine Mulde eindrücken. Hefe mit 100 ml lauwarmem Wasser und Honig verrühren und in die Mulde gießen. Zugedeckt an einem warmen Ort 15 Minuten gehen lassen. Mit 180–200 ml lauwarmem Wasser, 3 Esslöffeln Olivenöl, 1 Teelöffel Salz mit den Knethaken des Handrührgeräts auf kleiner Stufe 4 Minuten kneten, dann in weiteren 5–6 Minuten zu einem glatten Teig verkneten. Zugedeckt an einem warmen Ort 1 Stunde gehen lassen.

2. Rosmarin waschen und trocken schütteln, die Nadeln abzupfen und klein hacken. Zwiebeln schälen und in dickere Ringe schneiden. Artischockenherzen und Oliven quer halbieren. Salami in Stücke schneiden. Ein Backblech mit Backpapier auslegen.

3. Den Teig durchkneten, in Blechgröße ausrollen und auf das Blech legen. Je ein Sechstel des Teiges mit einzelnen Zutaten belegen: ein Sechstel mit schwarzen und eines mit grünen Oliven, eines mit Artischocken, eines mit Salami, eines mit Tomaten und eines mit Zwiebelringen und Rosmarin. Die Zutaten jeweils ganz leicht in den Teig pressen. Zugedeckt 20–30 Minuten gehen lassen.

4. Backofen auf 200 °C Ober-/Unterhitze (Umluft 180 °C) vorheizen. Den Teig mit dem Belag mit übrigem Olivenöl bepinseln oder beträufeln und mit etwas Meersalz bestreuen. Im Ofen (mittlere Schiene) 12–15 Minuten backen.

TIPP!

Wer die Focaccia knusprig mag, isst sie sofort. Wer sie lieber weich mag, lässt sie einfach kurz unter einem sauberen Geschirrtuch leicht abkühlen – sie schmeckt auch kalt und ist in kleine Stücke geschnitten ein ideales Partygebäck.

BOLOGNESE-**PIZZAZOPF**

Für 4 Personen

1 Portion Pizzateig
(siehe S. 10)

1 Zwiebel

1 Knoblauchzehe

1 dicke Möhre

1 Stange Staudensellerie

2 EL Olivenöl

200 g mageres gemischtes
Hackfleisch

Salz, Pfeffer

1 EL Tomatenmark

½ TL getrockneter Oregano

250 g stückige Tomaten
(Tetrapak)

2–3 EL Petersilie,
frisch gehackt

120 g geriebener Mozzarella

Außerdem

1 Eigelb

2 EL Milch

1. Den Teig wie auf *Seite 10* beschrieben zubereiten und gehen lassen. Zwiebel und Knoblauch schälen und fein würfeln. Möhre schälen und putzen, Staudensellerie waschen und putzen. Beides klein würfeln.

2. Olivenöl in einer beschichteten hohen Pfanne erhitzen, Zwiebel, Knoblauch, Möhre und Sellerie darin kräftig anbraten. Hackfleisch zugeben, mit einem Holzlöffel zerteilen und unter Rühren krümelig braten, salzen und pfeffern. Tomatenmark und Oregano unterrühren und kurz mitbraten. Tomaten zugeben und alles offen bei mittlerer Hitze in 20–25 Minuten einkochen lassen, sodass eine dicke Masse entsteht. Die Masse lauwarm abkühlen lassen.

3. Den Teig kurz durchkneten und auf Backpapier zu einem ovalen Fladen (25–30 x 35 cm) ausrollen. Die Füllung in der Mitte längs verteilen, dabei oben und unten etwa 5 cm und an den Längsseiten links und rechts je 8–10 cm freilassen. Petersilie und Mozzarella über die Füllung streuen. Den Teig an beiden Längsseiten symmetrisch von oben nach unten schräg im Abstand von 3 cm so einschneiden, dass lange Streifen entstehen.

4. Die Ränder oben und unten über die Füllung nach innen schlagen, die eingeschnittenen Streifen im Wechsel von links und rechts nach innen über die Füllung schlagen. Den Zopf mithilfe des Backpapiers auf ein Blech heben und 15 Minuten gehen lassen.

5. Den Backofen auf 200 °C Ober-/Unterhitze vorheizen. Eigelb mit Milch verrühren und den Zopf damit bepinseln. Im heißen Ofen (mittlere Schiene) in 15–20 Minuten goldbraun backen. Kurz abkühlen lassen, dann in Scheiben schneiden und servieren.

MELONENPIZZA MIT FETA

VEGETARISCH – GLUTENFREI

Für 2 Personen

2 Scheiben reife Wassermelone
(2–3 cm dick)
30 g Mandeln
30 g Walnusskerne
180 g Fetakäse
3–4 Stängel Basilikum
3 Stängel Minze
Pfeffer, frisch gemahlen
Chiliflocken (nach Belieben)
2–3 EL Olivenöl

1. Nach Wunsch die Kerne vorsichtig aus den Melonenscheiben lösen und die Melone auf zwei Teller geben. Mandeln und Walnusskerne in einer Pfanne ohne Fett rösten, bis sie duften und leicht bräunen. Dann aus der Pfanne nehmen, abkühlen lassen und grob hacken.

2. Den Käse grob in Stücke brechen. Die Kräuter waschen und trocken schütteln, die Blätter abzupfen und kleiner zupfen oder in breite Streifen schneiden. Den Käse auf der Melone verteilen, die Nussmischung und Kräuter darüberstreuen. Alles mit Pfeffer übermahlen und nach Belieben noch mit Chiliflocken bestreuen, dann mit Olivenöl beträufeln und servieren.

SÜSSE VARIANTE

200 g griechischen Joghurt mit je 2 Messerspitzen Vanillemark und fein abgeriebener Zitronenschale glatt rühren. Den Joghurt in einem dicken Klecks auf eine Seite der Melone geben oder von der Mitte her über die Melonenscheibe verteilen. 3 Aprikosen waschen, entsteinen und in Spalten schneiden. Mit 250 g gemischten, gewaschenen Beeren darauf verteilen. Mit 50 g gehackten Walnüssen bestreuen und mit 2–3 Esslöffeln Honig beträufeln.

1–2 Stängel Minze waschen und trocken schütteln, die Blättchen in feine Streifen schneiden und auf den Früchten verteilen.

REGISTER

DIE AUTORIN

Tanja Dusy fühlt sich am wohlsten, wenn es in der Küche richtig rundgeht. Sie schreibt seit über 15 Jahren erfolgreich Kochbücher und war lange Zeit als Redakteurin tätig. Als Küchenprofi entwickelt sie Rezepte, die nicht nur verlässlich gelingen, sondern auch das besondere Etwas haben.

NOCH MEHR TOLLE BÜCHER

Sushi-Revolution
ISBN 978-3-86**55-685**-3
€ 19,99 (D), € 20,60 (A)

Buddha-Bowls
ISBN 978-3-86**355-640**-2
€ 16,99 (D), € 17,50 (A)

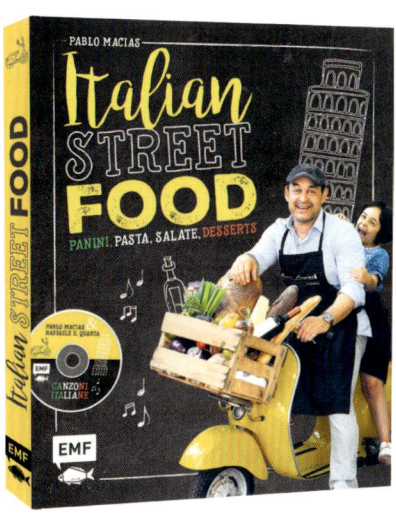

Italian Streetfood
ISBN 978-3-86**55-662**-4
€ 24,99 (D), € 25,70 (A)

**One Pot Pasta –
Aromen aus aller Welt**
ISBN 978-3-86355-783-6
€ 19,99 (D), € 20,60 (A)

IMPRESSUM

Bibliografische Information der Deutschen Bibliothek.

Die Deutsche Bibliothek verzeichnet diese Publikation in der deutschen Nationalbibliografie.
Detaillierte bibliografische Daten sind im Internet über http://www.d-nb.de/ abrufbar.

EIN BUCH DER EDITION MICHAEL FISCHER

1. Auflage 2017
© 2017 Edition Michael Fischer GmbH, Igling

Covergestaltung: Silvia Keller

Produktmanagement: Annika Christof, Juliane Rottach

Lektorat: Maryna Zimdars, Unterföhring

Layout: Silvia Keller

Fotografie: Klaus Einwanger, Rosenheim

Illustration S. 16 – S. 17: Nelli Braun

ISBN 978-3-86355-751-5

Printed in Slovakia

www.emf-verlag.de